徹底反論座談会2

宏洋《ひろし》問題「転落」の真相

幸福の科学総合本部 編

まえがき

「気持ち悪い」「ありえない」

それが、千眼美子《せんげんよしこ》（本名・清水富美加《しみずふみか》）氏が三年の沈黙を破って初めて語った、ありもしない「結婚強制」のウソをつき続け、自分のことを「元婚約者」と称する宏洋《ひろし》氏に対する、内に秘めていた思いである。

千眼氏は、以前所属していたプロダクションによって、暗黒女子や、人の肉を喰《く》う役など、本来の光の天使としての使命に反する仕事ばかりさせられて、心身ともにボロボロになり「死にたい」とまで口にするようになっていた。

駆け込み寺のように幸福の科学に救いを求めてきたところを、大川隆法総裁以下、多くの弟子《でし》たちが、なんとか彼女を助けてあげようとして動いているなか、宏洋氏はただ一人彼女を結婚相手だと思い込み、「流れを見れば、みなさま、お分かりになるのではないでしょうか。お相手は（清水富美加さんだと）自《おの》ずと分かるのではないかと」と自分で〝霊言《れいげん》〟し、その後、「納得しました。でも、僕、一回失敗しているから……。あのタイプは幸せな家庭をつくるタイプだなと（思います）」と感想を述べ、一方的に千眼さんと結婚したいという思いを募らせていた。

しかし宏洋氏は、当時から、下ネタ満載の自分の台本の方向性を総裁に認めてもらえないことに不満を募らせていた。そのため、こともあろうに、すべてを捨てて信仰を取り、傷だらけで出家《しゅっけ》したばかりの千眼氏に、食事会の席で、彼女の信仰の対象である主エル・カンターレ、大川隆法総裁の悪口を言いまくり、彼女の心の一番深い部分を傷つけたのだ。まさか大川総裁の長男で、幸福の科学グループのプロダクションの社長である人物から、尊敬する大川総裁の悪口を言われるとは思っていなかった彼女は、どうしていいか分からず、泣き出してしまった。にもかかわらず、宏洋氏はさらに酔っぱらって〝霊言〟し、「どうせ結婚するんだ」と言い放ったという。

「本当に気持ちが悪い」

それが、今回の座談会で初めて明らかにした、千眼氏の、そのときの気持ちである。

本当に、宗教以前に、人間として、男としてどうなんだと、誰もが思うだろう。できることなら、もう一度ゼロから修行《しゅぎょう》をやり直していただきたい。

一方、千眼氏は出家から三年、教えを学んで修行を深めた結果、幸福の科学の映画「心霊喫茶《しんれいきっさ》『エクストラ』の秘密―The《ザ》 Real《リアル》 Exorcist《エクソシスト》―」で出家前を超える演技力を発揮し、モナコ国際映画祭で最優秀主演女優賞を獲得するほどの大活躍をされている。

千眼氏自身の努力も素晴らしいが、この事実自体、幸福の科学の救済力と、修行の力の証明でもある。主の最大の遺産である「教え」は、ただ知っているだけでは十分ではない。実際に仕事や生活のなかで応用し、行《ぎょう》じてこそ、その真価を味わうことができるのだ。

宏洋氏の本『幸福の科学との訣別《けつべつ》』（文藝春秋《ぶんげいしゅんじゅう》刊）が書店に並ぶ直前に収録された、『人はなぜ堕《お》ちてゆくのか。』（幸福の科学出版刊）で大川総裁が説かれていたとおり、宏洋氏の転落の原因は、その徹底的な自己中心性、自己愛にある。要はただのエゴイストなのだ。

その性格は、彼の「仕事」のなかでも、残念な意味で遺憾《いかん》なく発揮されている。理事長ができるか試されている期間に、ブリーフィング中に寝たり、アルバイトに行ったり。プロダクションの社長のときも、公私混同で、所属タレントの自宅に押しかけて十時間も交際を迫ったり、自分が主演の映画撮影期間中に別の舞台に出演して撮影が進まず大迷惑をかけたり。彼の自己中心性ゆえの現場の混乱は目を覆《おお》うばかりで、社員から解任要求されたほどである。

ほとんど全員が宏洋氏を見限るなかで、最後まで彼の生かしどころを探して、何度も何度も蜘蛛《くも》の糸を垂らし続けてくださったのが大川隆法総裁である。限りない仏の慈悲《じひ》を受けながら、自らのエゴのために、その糸を切り続けたのが宏洋氏である。

最も父親に甘えながら、最も慈悲を与えてくださった父親に数限りない罵詈《ばり》雑言《ぞうごん》の嵐をぶつける宏洋氏は、もし自分が自分の息子から同じ言葉を言われたらどう思うか、考えてみたらよい。「共感力」「人がどう思うか感じる力」もまた、宏洋氏に著しく欠けているものである。

宏洋氏が、父親のせい、教団のせいにするのではなく、ほんの少しでも「自分のせい」もあるのではないかと感じることがあったなら、彼の運命も変わっていただろう。

「世界を、あなたのために、ひざまずかせるのではなく、あなたが、世界のために、ひざまずいて、平和を祈れ」――この主のお言葉を「最大の遺産」の一つとして、宏洋氏には受け取ってほしい。神の慈悲はあまねく今も降り注ぎ続けている。要は、自分がそれに気づき、受け取り、自分を変えるか否かだけなのだ。

二〇二〇年　三月二十八日

幸福《こうふく》の科学《かがく》 総合本部《そうごうほんぶ》 常務理事《じょうむりじ》 広報担当《こうほうたんとう》　喜島克明《きじまかつあき》

宏洋問題「転落」の真相　目次

宏洋《ひろし》問題「転落」の真相
―徹底反論座談会2―

二〇二〇年三月十二日・十三日　収録
東京都・幸福の科学総合本部にて

※本書は、二〇二〇年三月十二日に行われた座談会の「後半」部分の一部と、十三日に行われた座談会の一部をとりまとめたものです。
※座談会の他の論点は、『宏洋問題の「嘘」と真実 ― 徹底反論座談会1 ―』と『宏洋問題「甘え」と「捏造」― 徹底反論座談会3 ―』に収録されています（共に幸福の科学総合本部編、幸福の科学出版刊）。

（上）『宏洋問題の「嘘」と真実』、（下）『宏洋問題「甘え」と「捏造」』

宏洋《ひろし》問題「転落」の真相

――徹底反論座談会2――

二〇二〇年三月十二日・十三日　収録
東京都・幸福の科学総合本部にて

座談会参加者（役職等は収録時点のもの。十三日は●印の十八名が参加）

大川隆法《おおかわりゅうほう》　幸福の科学グループ創始者 兼 総裁
大川紫央《おおかわしお》　幸福の科学総裁補佐
●大川咲也加《おおかわさやか》　幸福の科学副理事長 兼 宗務《しゅうむ》本部総裁室長
●大川直樹《おおかわなおき》　幸福の科学常務理事 兼 宗務本部第一秘書局担当
●大川真輝《おおかわまさき》　幸福の科学指導研修局担当部長
●大川裕太《おおかわゆうた》　幸福の科学政務本部東京強化部長

司会

酒井太守《さかいたいしゅ》　幸福の科学宗務本部担当理事長特別補佐

＊以下、座談会参加者。五十音順

浅野聖太《あさのしょうた》　ＨＳＵ担当部長
阿部一之《あべたかゆき》　幸福の科学事務局事務部部長
岩本志織《いわもとしおり》　幸福の科学横浜正心館《しょうしんかん》講師
●岩本尚之《いわもとたかゆき》　幸福の科学常務理事 兼 人事局長
奥田敬子《おくだけいこ》　幸福の科学宗教教育企画局（エンゼル・プランＶ）部長

川島《かわしま》麻衣子《まいこ》　在家《ざいけ》信者

●喜島克明《きじまかつあき》　幸福の科学常務理事（広報担当）

●木村智重《きむらともしげ》　幸福の科学学園副理事長

黒田由紀《くろだゆき》　在家信者

●駒沢《こまざわ》さゆり　幸福の科学メディア文化事業局ニュースター・プロダクション担当
兼 ニュースター・プロダクション（株）秘書部長

斉藤愛《さいとうあい》　ＨＳＵ事務局教務担当副局長

●坂本美好《さかもとみよし》　幸福の科学宗教教育企画局（エンゼル精舎《しょうじゃ》）担当チーフ

佐藤直史《さとうなおふみ》　幸福の科学出版社長

●佐藤悠人《さとうゆうじん》　幸福の科学広報局法務室長 兼 ＨＳＵ講師

嶋村美江《しまむらみえ》　幸福の科学人事局付職員

諏訪裕子《すわひろこ》　在家信者（一般社団法人ユー・アー・エンゼル理事長）

千眼美子《せんげんよしこ》　幸福の科学メディア文化事業局部長 兼 アリ・プロダクション（株）部長
兼 アリ・プロダクション（株）所属タレント

●竹内久顕《たけうちひさあき》　幸福の科学メディア文化事業局担当理事
兼 アリ・プロダクション（株）芸能統括専務取締役
●竹内由羽《たけうちゆう》　幸福の科学宗務本部特別参与
●武田亮《たけだりょう》　幸福の科学副理事長 兼 宗務本部長
●鶴川晃久《つるかわあきひさ》　幸福の科学理事 兼 東京正心館館長 兼 研修局長
●転法輪蘭《てんぽうりんらん》　幸福の科学宗教教育企画局担当局長
野口佑美《のぐちゆうみ》　在家信者
林紘平《はやしこうへい》　幸福の科学メディア文化事業局チーフ 兼 アリ・プロダクション（株）チーフ
樋口ひかる《ひぐち》　幸福の科学宗務本部ソフト開発室主任（兼 秘書）
●福本光宏《ふくもとみつひろ》　幸福の科学常務理事 兼 経理局長
●松田三喜男《まつだみきお》　幸福の科学理事 兼 事務局長
三觜智大《みつはしともひろ》　幸福の科学メディア文化事業局部長
●村田堅信《むらたけんしん》　幸福の科学人事局担当専務理事
村田《むらた》ひとみ　在家信者
森祐美《もりゆみ》　在家信者

1　千眼美子《せんげんよしこ》・出家《しゅっけ》の真相

大悟館《たいごかん》で清水富美加《しみずふみか》氏と会ったときの人数は四人ではない

酒井太守　それでは座談会を始めたいと思います。

まず、どうしても押さえないといけないのが、千眼美子さんのところです。宏洋《ひろし》氏は**これが「教団と訣別《けつべつ》しようと思った最も大きな理由」**と言っているので、ここをやって、そのあと、順次、主要なポイントを押さえていきたいと思います。

宏洋氏の本でいきますと、千眼さんについての部分は、第四章の一五四ページあたりからになります。これは二〇一九年二月の「週刊文春」の記事にも出ていましたが、「結婚強制」と彼が主張しているところです。**「教団と訣別しようと思った最も大きな理由は、２０１７年に起こった女優の清水富美加《しみずふみか》さんの事件です。隆法から『清水さんと結婚しなさい』と言われたことが、そのきっかけです」**とあります。

次のページには、「２０１７年２月に●大悟館《たいごかん》で、隆法と私、清水さんと清水さんの父親の４人で会って、初めて食事をしました」とあります。すでにここで間違いがあります。まず二月ではなく一月です。さらに、四人ではないんです。そこにいらっしゃったのは、咲也加《さやか》さんと……。

大川咲也加　紫央《しお》さんと私もいたので、六人はまず間違いなくいましたし、秘書の方も、お茶出しとかをしてくださっていたので、七、八人はいました。

酒井太守　そうですね。ですから、証人はかなりの数います。

当時の清水富美加氏は、結婚の話ができるような状況ではなかった

酒井太守　本では、そこからすぐ、次の日に飛びます。しかし、次の日は宏洋氏は大悟館に来ていませんし、翌々日もノロウィルスに冒されて寝込んでいたので、いつの

●**大悟館**　幸福の科学の教祖殿《きょうそでん》。大川隆法総裁が霊天上界《れいてんじょうかい》と交流し、宗教家としての仕事をするための神聖な宗教施設。

話か分かりませんが、「次の日、隆法に言われました。『清水さんには、いまの事務所を辞めさせる。宏洋は彼女と結婚しなさい』」と書いてあります。

大川紫央　こんな言葉は聞いたことがないです。

大川咲也加　聞いたことがないですね。

大川隆法　本当に悪魔《あくま》の声でも聞こえてくるのでしょうか。演技でやっていたとおり、悪魔の声でも聞こえているのかな、これは。

酒井太守　そうかもしれません。

大川咲也加　そんなことを言える状況ではなかったですから。

大川隆法　言える状況ではないでしょう。

大川紫央　富美加さんの人生の一大決心というか、岐路《きろ》に立っているときに、「うちの長男と結婚してください」なんて言えるわけがないです（苦笑）。

大川隆法　いやあ、それもまた〝ものが悪い〟ですからね。キムタクのようになってくるなら結構ですけど。ご推薦《すいせん》できるけど。

当時の彼は、「何だったらできるんだ」というところで、必死に〝食べていけるかどうか〟を試しているところでしたからね。ちょっともう、妄想《もうそう》も入っているのだろうと思います。

酒井太守　そうですね。当時、周りがいろいろと忙しく動いているなかで、宏洋氏だけが自分の女性探しに邁進《まいしん》していたということですね。

そして、**「清水さんには、いまの事務所を辞めさせる。宏洋は彼女と結婚しなさい」**

のあと、次のページには、『『それはダメでしょう。やりかけの仕事もあるし』と、私は反対しました。しかし例によって、こちらの意思は反映されません。『もう決まったことだから』の一点張りです」と書いてあります。

竹内久顕　この「それはダメでしょう」というのは、出家《しゅっけ》と結婚を否定した話になっていますが、彼が当時言っていたのは、結婚についてではなく、出家についてです。千眼さんが精神的にも肉体的にもいっぱいいっぱいで、本当に死にたいというか、命の危険性があって、それで、救済的措置《そち》として出家の道をお許しいただいたという、その話を覆《くつがえ》そうとして粘っていたということです。

そのとき、宏洋氏は自分のことしか考えておらず、「大手の芸能事務所にこんなふうに反旗を翻《ひるがえ》したら、自分が脚本・準主演を認めてもらった映画『君のまなざし』（製作総指揮・大川隆法、二〇一七年公開）の上映に支障が出るかもしれない。この業界で自分は生きていけなくなるかもしれない。自分の芸能の道が断たれる」ということばかりを心配していました。

千眼さんが心身共に追い詰められていたにもかかわらず、「清水さんは、やりかけの仕事もあるから、元の事務所で続けるべきだ。『東京喰種《トーキョーグール》』の映画も二作目を今後やるべきだ」と言っていたんです。

清水富美加氏を大悟館に連れていったのは宏洋氏

竹内久顕　二〇一七年の一月の下旬に、私と宏洋氏とで、千眼さん本人とお父さんに、●東京正心館《しょうしんかん》で「清水富美加の守護霊霊言《しゅごれいれいげん》」を観《み》てもらいました。そのあと、私から千眼さんに、「映画『さらば青春、されど青春。』（製作総指揮・大川隆法、二〇一八年公開）のヒロインをぜひオファーしたいと思っています」というお話をしたら、ものの数秒で、「ぜひ出たいです」ということで、もしかしたら事務所は辞めてしまってもいいかもぐらいにおっしゃったんですね。

そのとき、宏洋氏のいつものパターンなんですけど、自分が予想しなかった言葉を女性に発せられると、〝ドM根性〟が出てきまして、けっこう極端に喜ぶんですね。体

●東京正心館　東京都港区高輪《たかなわ》にある幸福の科学の参拝・研修施設。

を上下させて興奮していたんです。

彼はYouTube《ユーチューブ》の動画で、そのとき、私が電話をして千眼さんを大悟館に連れていったと言っていますが、事実は、宏洋氏自身が酒井さんに電話をして、「今から千眼さんを連れていきます」と言って、千眼さんとお父さんを大悟館に連れていったんです。

大川隆法　「自分では判断ができないから、大悟館に連れていっていいか」という感じだったんですよね。

竹内久顕　そうですね。

大川紫央　酒井さんは、実際にその電話を受け取ったわけですね。

酒井太守　受けました。それでそのとき、先生のお言葉として、「事務所を辞めることについては、そんなに無理しなくていいですよ」と、そういう話も伝えました。

出家をしたのは「本当に自殺する危険性があったから」

千眼美子　そうですね。霊言を拝聴《はいちょう》したあとに、突然、大悟館に向かうことになりまして、それがさっき言っていた大悟館での食事だったんです。四人ではないんですけど。そして、そのときに、「映画『さらば青春、されど青春。』に出たいけれど、事務所といろいろあるので、もし出るにしても、正式なやり取りがないと難しいので」というお話をさせていただいたり、その話の流れのなかで、いろいろな役というか、きつい役をやっていることとか、事務所の体制の話などもさせていただきました。

大川隆法　うん。

千眼美子　私はそのとき、ニコニコして話してはいたんですけれども、「ＳＯＳ」を出していたのを先生が感じ取ってくださって、救済措置として、その後、出家をお許しくださったのではないかと思っています。

ですから、出家には、結婚とかは全然関係なかったと思っております。

大川隆法　私は、あのときすでに、清水さんが出ていた当時の作品を観て、だんだん〝悪いほうの役〟に回されていきつつあるのをキャッチしていました。

ガッキー（新垣結衣《あらがきゆい》）さんは〝いいほうの役〟にしか出さないのですが、清水さんについては、「悪いほうの役で隙間に差し込んでいこう」という、プロダクションの方針を感じていたのです。

千眼美子　はい。

大川隆法　実際に、「飛び降り自殺をしたくなるようなことが何回かあった」ということも、お父様が言っておられたような気がするんですけど。

千眼美子　はい。

大川隆法　それは、ちょっと危ない。そういう役をやっていたら、悪霊に憑《つ》かれて本当に自殺することもあるので、危ないから、このときは、「もう少し自分を大事にしなさい」というようなことを言ったと思います。

千眼美子　はい。

大川隆法　「（竹内）由羽《ゆう》さんにも同じようなことを言われた」と言っていたような気がするんだけど、違ったかな？

千眼美子　そうですね。私が「死にたいと、毎日思っている」と言ったことに関して、「自分の命を護《まも》らないといけない。自分の声を聴かないといけない。『仕事だから行かなきゃ』と言っていたら、本当に死んでしまうよ。自分を大事にしたほうがいい」と言って、止めてくださいました。

大川隆法　映画の「暗黒女子」から「東京喰種《トーキョーグール》」の流れは、もう本当に死にに行くような流れだったと思います。はっきり言えば、「東京喰種」の二作目 対 今の「ザ●・リアル・エクソシスト」で、どちらに出演するかという選択でしたよね。どちらの側に立つかということで。

宏洋はあちらの「東京喰種」のような映画に出たいほうでしたから。人を喰《く》う役だったら出たいほうなので、彼の価値観はそちらのほうに近いのかもしれません。今、〝鬼〟が入っていますからね。

私のほうは、「清水さんは、そちらから離れていかないと、もう危ないな」と感じていたので、幸福の科学のほうで、どのようにでも対応するつもりではありました。

そのあと、宏洋がいろいろと言っていましたが、彼は（霊体質で）霊が入るには入るので、千眼さんの前事務所の社長の守護霊が入ったまま出ていかなくて、四月、五月ぐらいまで大変でしたよね。あちらの意見を代弁していましたね。

●「ザ・リアル・エクソシスト」　2020年5月公開予定の映画「心霊喫茶『エクストラ』の秘密—The Real Exorcist—」（製作総指揮・原作 大川隆法、脚本 大川咲也加）。

大川紫央　そもそも、宏洋氏からの提案によるものだったのですが、「キャスティングで、清水さんに一回、お声をかけてみようか」というところから話は始まっていると思います。

そして、話を聞いているうちに、「死にたい」と思っていることとかを聞いて、「富美加ちゃん、大丈夫かな」と思っていたんですけど、「死にたいと思うときもありますす」ぐらいなのかなと。こちらも「まあ、大人として生きていくには、そういうことを思うときもあるのかな」と思っていたんです。

ただ、具体的に話を聞いていると、「実際に窓から飛び降りようとして、お父さんが引き止めに入った」とか、実際、そこまで事態が行っていたということに、こちら側としても衝撃《しょうげき》を受けたところはあって、「このまま放置しておいて大丈夫なのか」と真剣に考え始めました。

竹内由羽　ほぼ二十四時間、私も美子ちゃんと一緒に生活をしていくなかで、いろいろと話を聞いて、「死にたいと思っていた」というレベルではなくて、「もう死んじゃうんじゃないかな、今」というぐらいのレベルなんだと感じるようになりました。そういう精神状態ではありました。

宏洋氏は「千眼さんは仕事を放棄《ほうき》した」と言っていますけど、そうではなくて、毎日、スケジュールが入っているところにはきちんと行っていました。

そうしたなかで、本当に精神的にギリギリのところで、出家をしております。

竹内久顕　千眼さんは、実際は、出家したあとも仕事は続けていて、大阪にも番組の収録で行っていました。精神的にいっぱいいっぱいのなかでやっていたんですけど、宏洋氏にはどうでもいいことだったのでしょう。

宏洋氏が自《みずか》ら行《おこな》った守護霊霊言では、出家に賛成していた

酒井太守　話は宏洋氏のところに入ります。

一五六ページでは、「教団側は、私が行なった『霊言』の音声データを証拠として『宏洋氏自身が結婚を希望していた』と主張していますが、事実が180度歪曲《わいきょく》されています」と言っています。そして、「その音声データを録音する直前、私は隆法に対し、約3時間にわたって『清水さんを出家させるべきではない』と説得を試みました」と書いてあります。

これは大悟館で千眼さんと初めて食事をしたという日から数日後ですが、まず、「三時間、はたして宏洋氏はしゃべっていたのか」というところについても、すでに「三時間ではない」ということが明確になっています。

大川咲也加　はい。私が見ているかぎりは、来てから三十分ぐらい駄々《だだ》をこねていました。

酒井太守　三時間ではなくて三十分ですか。

●「霊言」の音声データ　幸福の科学公式サイト内の幸福の科学グループ見解〈「週刊文春」(2019年2月28日号)インタビュー記事　「大川宏洋氏の虚言・誹謗中傷」に反論する〉のなかで公開されている。
https://happy-science.jp/news/public/11465/6702/

大川咲也加　「清水さんを出家させたら、うちのタレントが干されて、テレビや映画に出られなくなっちゃうから、やめて」とか、「どうして分かってくれないの。どうして分かってくれないの」などと言って、急に宏洋さんが泣き始めたりしていました。「映画『君のまなざし』がかからなくなる。その僕のつらさが分からないのか」というようなことを言ったり、「清水さんのせいで、今まで、みんなと築き上げてきたものがグチャグチャになっちゃう」とか、ちょっと小学生のような駄々のこね方だったんです。

酒井太守　結局、映画もかかりましたけどね。

大川咲也加　そこで、総裁先生が「宏洋の守護霊がどう思っているか訊いてみようか」とおっしゃって、そして、「自分で霊言をやってみますか」と宏洋さんに言って、宏洋さんに「宏洋さんの守護霊」を入れたんです。

そうしたら、地上の本人は「出家させないでほしい」と言っていたのにもかかわらず、守護霊を入れた瞬間、「すみません！　こいつが、ほんとに弱気ですみません！　こんな弱気な男、ほんと、ほんっとクビにしたいんですよ！」というようなことを言って、自分の体をバンバン叩き始めたのです。「この人は本当に大丈夫かな」と少し心配になるぐらいでした。

守護霊を入れた瞬間、「いや、僕は全然気にしないです。大手事務所なんて怖くない。怖くない！」などと言って、一人でしゃべり始めて。「好きにやったらいいですよ。もう『さらば青春、されど青春。』のヒロインもやればいいんですよ。まったくオーケーですよ」という感じのノリになって、言っていることがまったく変わったのです。

そういう〝守護霊のすみません霊言〟が二十分ぐらいありました。ひたすら自分で自分を詰めているような時間があったんです。

そのあと、宏洋さんに、「守護霊の言っていることは違ったけど、どう思う？」と訊いたら、「なんか、ちょっと違いましたねえ」というようなことを言って、少しポケーッとしていました。

2 「結婚強制」の真相

「結婚」という言葉を最初に出したのは宏洋《ひろし》氏

大川咲也加　そのあとに、「では、清水《しみず》さんの今後について、ほかの指導霊に訊《き》いてみようか」となって、複数の霊人《れいじん》をお呼びして宏洋《ひろし》さんに入れ、しゃべってもらおうということになったんですよね。

それらの霊人たちの霊言《れいげん》が二十分ほどあったのですが、そのなかの一人で、宏洋さんに入った霊人が、「もうお分かりでしょうけど、相手はあの人（清水さん）ですよ」「みなさん、もうお分かりでしょう。宏洋さんの相手なんですよ」というようなことを、一人で言い始めたんです。

ですから、実際には、「清水さんが出家《しゅっけ》したら仕事がなくなるから、やめて」と言って、わめいていたのが三十分ぐらい。そのあと、守護霊を入れて、「すみません。こいつがすみません」と言っていたのが約二十分。そのあと、「指導霊である」と宏洋さん自身が認識している霊人などの霊言を自分でして、「結婚相手は清水さんです」というようなことを言ったのが合計二十分ぐらい。こういう感じでした。
終わったあとは、「ああ、やっぱりそうだったんだ。納得しました」と言って、〝すっきり〟して帰っていかれました（苦笑）。

大川紫央　そのとき、私もいて、覚えています。最後にそう言ったあと、私が「宏洋君は本当にそれでいいの？」と訊いたら、「ええ。僕は一回、失敗しているので分かるんです」というようなことを、私に言ったのをはっきり覚えています。

竹内由羽　その直後に、私と主人は、宏洋氏から総合本部のほうに呼び出されまして、何の話だろうと思ったら、「清水さんと結婚しようと思います」と言われたんです。

大川隆法　（笑）ほう。

竹内由羽　突然、変なことを言い出すことはそれまでにもあったので、ちょっと確認作業が必要だなと思いまして、私のほうから三回か四回ぐらい、「本当にいいんだよね？　それは宏洋君の意志なんだよね？」ということを確認したところ、「はい」ということでした。「なので、千眼さんのフォローをよろしくお願いします」と宏洋氏に頼まれました。「本人の意志として、結婚をしようと思う」という報告を受けています。

大川咲也加　それに、宏洋さんが言っているように、霊言は「**どこまで本物っぽくできるか**」「**それっぽく見せるセンス**」という理論であれば、宏洋さんは、〝守護霊《しゅごれい》や指導霊の霊言をそれっぽくやっていた〟ということになるので、自分で「清水さんと結婚します」と言っていたことになります。ですから、その場で見ていた身としては、論理が矛盾《むじゅん》していると思います。

酒井太守　ここまでの話で、宏洋氏の言う「結婚強制」の作り話は完全に破綻《はたん》していますね。

宏洋氏は霊言《れいげん》をしているうちに記憶がすり替わるタイプ

酒井太守　そして、そこに至る証拠の霊言《れいげん》は公開されているわけですが、彼は、その直前のこととして、一五六ページから一五七ページにかけて縷々《るる》書いています。

そして、**「無念でした。それ以上言い返すことが出来なかった」**と書いていますが、このあたりのやり取りは本当にあったのでしょうか。

大川咲也加　言い返すことができなかった時間があったとしたら、自分の守護霊が「すみません」と言って、自分を叩いているときです。自分の守護霊にひたすら怒られたことを言っているのではないでしょうか。「本当に大丈夫かな」と思って、私は見ていたんですけれども、それをもしかしたら「無念だった」と思っているのかもしれません。

大川紫央　そもそも先生がこんなことを言うはずがないんですよ。私はいつも同席していますので。

「金ならいくらでも払う。何が問題なんだ?」。聞いたことがないですね。

「お前に私の判断を覆《くつがえ》す権限はない」。聞いたことがないです。

「他のタレントが何だ。富美加《ふみか》ちゃんはな、億稼ぐんだよ。億」。聞いたことがないです。

「富美加ちゃん一人いれば、他の奴らなんてどうでも良いんだよ」。聞いたことがないです。

竹内久顕　ちなみに、この前、ニュースター・プロダクション（NSP）の所属タレントから聞いたのですが、当時、宏洋氏から、「先生は、『清水富美加だけが大事で、おまえらはどうでもよい。おまえらはお金を稼げなくて、清水さんは年間何億円も稼ぐんだ』と言っている」という話を聞いて、それを信じ込んでしまい、そうとう悩んだことがあったそうです。

●ニュースター・プロダクション（NSP）　幸福の科学の芸能プロダクションの一つ。

あるとき、実際の話をいろいろと聞いて、「先生はそんなことは言っていなかったんだ」と気づいたそうですが、少なくとも数カ月間は、本当に苦しんだそうです。宏洋氏が社長だったので、そこまで嘘《うそ》を言うとは思わず、「自分たちはそう思われているのか」と。もう本当に〝風評被害〟なんですけど、そういうこともありました。

大川紫央　聞いたことがないですよね。そんなことは。

大川咲也加　宏洋さんが、「タレントが出られなくなってしまう」と泣いているから、そういうことではなくて、「もっと大きな視点で見なければいけないでしょう」というように、たしなめたことはあるかもしれませんが、「ほかのやつらなんて、どうでもいいんだ」とか、そういうことは、先生は絶対におっしゃっていません。

大川隆法　あのときは、千眼さんの前事務所の社長の守護霊も（憑依《ひょうい》して）入ってきていましたが、彼は、「自分の映画の『君のまなざし』がかからなくなる」とか「僕は六十歳になっても、NSPのみんなと一緒にやり続けたいんだ」とかいうことを、泣きながら言っていたような気がします。

大川紫央　泣きながら、それは言っていました。

大川咲也加　宏洋さんは、「清水さんが出家してきたら、NSPのタレントはみんな仕事を干されて、出られなくなって」というようなことをずっと言っていました。

実際は、そんなことはなく、その後もテレビドラマなどに出演するタレントは増えていますけれども。

大川紫央　先生から言われた言葉として、一五七ページに、**「富美加ちゃんとの結婚を受け入れないのなら、ニュースター・プロダクションのタレントを今すぐ全員辞めさせて出家させる（職員として働かせる）ぞ」**ということを書いていますが、そもそもこの言葉の意味がよく分かりません。言った言わないの前に、これは何が言いたいのかが分かりません。

酒井太守　分からないですよね。

大川紫央　聞いたこともないです。

酒井太守　ところで、宏洋氏は一五七ページで、音声データの前に結婚の話が出ていたと書いていますが、本当に「結婚」の話は出ていたんですか。

大川咲也加　出ていないです。

大川紫央　出ていないです。

酒井太守　出ていないんですね。

大川咲也加　はい。

酒井太守　それなのに、**「結婚を受け入れないのなら」**という、結婚話があることを前提とした筋書《すじが》きになっているわけですね。

大川咲也加　宏洋さんは、自分で霊言をしているうちに、いろいろと飛んでしまって、記憶がすり替わったり、覚えていなかったりということが多発するタイプなので、記憶がすり替わって、「本当にこういうことを言われた」と思い込んでいる可能性はあります。

酒井太守　そうですね。ただ、「結婚強制」はつじつまが合わなくなってきて、苦労して書いている感じが出ていますね。

酔って総裁の悪口を言い、千眼美子氏を傷つけた宏洋氏

大川裕太　一時期、宏洋さんは、清水富美加さん、千眼美子さんにかなりぞっこんで、モテようと頑張っていたんですけど、「某俳優に似ている」と言われて、そこから、「俺にそんなことを言った！」という感じで、〝千眼さん叩き〟を自分から始めたようなところはありました。

千眼美子　すみません、言いました。

出家して二週間くらいたったころで、私は竹内さんの家にお邪魔していたんですけど、そこに宏洋さんがいらっしゃってご飯を食べることになり、そして、宏洋さんがお酒を飲まれて酔っ払ってきて、そうしたら、大川隆法総裁先生の悪口が始まったんですね。

私は、宏洋さんとしっかりお話しするのは初めてだったんです。なので、「総裁先生の実の息子《むすこ》さんで、ＮＳＰの社長もされている方が、幸福の科学グループの創始者　兼

総裁であり、実の父親であられる総裁先生の悪口をこんなに言う」ということ自体がショックでした。

私は総裁先生をご尊敬申し上げているので、そういう方について、「あの人は間違っている！」とか、いきなり、しかも酔っ払いながら言われたことが本当にショックで、どうしていいかも分からず、私は泣き出してしまったんですね。

「結婚」というワードは宏洋氏の口からしか出ていない

千眼美子　それで、「これ以上しゃべってほしくないな」と思い、「ちょっと話題を変えよう」と思いまして、そのとき、スモークタンを食べていたので、それをちょっと宏洋さんの口に詰めさせていただいたんです（笑）。

そのあと、宏洋さんが急に霊言を始めて、「霊人が言っている」という体《てい》で、「どうせ結婚するんだ」というような話をしていました。

私としては、幸福の科学で立場のある偉い方が、酔っ払いながら急に「結婚」とかを言い出してきたので、「本当に気持ちが悪いな」と思いました。

大川紫央　私たちが、その夜の一連の出来事を聞いたのは、大分《おおいた》県にいたときです。ちょうど、先生の大分県での講演があったので、そちらに行っていました。裕太さんと咲也加さんもいらっしゃったと思うんですけど、その翌日の朝、竹内さんや酒井さんたちから今のお話をそのまま電話で聞きました。

また、ちょうど、その朝、「清水富美加、出家」という記事がスポーツ紙に大々的に載りました。こちらが発表する直前に抜かれたかたちで出たのですが、それも大分で見ました。

「今、スポーツ紙にこんなに書かれている子に、こんなタイミングで、社長が結婚をちらつかせるというのは、ありえないんじゃないか」と思ったのは覚えています。

竹内久顕　その、ハムを突っ込まれたときには、宏洋氏はまだ、ちょっとうれしそうな顔をしていたんですけど、千眼さんのほうは、けっこう怒っているというか、本当に傷つい

●**大分県での講演**　2017年2月11日、大分県・大分別府《べっぷ》ビーコンプラザにて、「信じる力」と題し講演を行った。『信仰の法』(幸福の科学出版刊)所収。

ているというか……。

千眼美子　もう、「泣いている」のと、「怒っている」のとで。

竹内久顕　そのあとに、宏洋さんは何をするかと思ったら、急にジャケットか何かを脱いで、「よし！　じゃあ、千眼さんに憑《つ》いているものよ、こっちに来なさい」とか言って、かなり泥酔《でいすい》した状態で霊言を始めたんです。それが、先ほど千眼さんが言っていた、宏洋氏の霊言です。

酒井太守　その日の件については、翌日、宏洋氏から私に電話がありました。私は事情を全然知らなかったんですけれども。

本の一五八ページに、**「私は、清水さんは実績のある女優さんだと思っていましたが、結婚相手として考えることは、どうしてもできませんでした」**とあるんですけど、このとき、そうではない発言を彼はしていました。

彼が言ったのは、「僕は『某俳優に似ている』と言われたけど、それは僕のことを生理的に嫌いだということを言っているんです。僕だったら、生理的に嫌いなやつと一緒になることはできないので、これはもう無理です」と、落ち込んで私に電話をしてきたんです。

「『もう無理』で落ち込むって何?」って感じですよね。結婚を拒否したという筋書きなら、普通はここで喜ぶはずなんですけどね。

彼は本の一五八ページで、「**隆法としては、この結婚は話題になると喜んでいたのに私が拒否したので**」と書いています。その二週間後に振られて落ち込んでいたのに、何を言うかという感じです。

そういう、訳の分からない唐突《とうとつ》な電話が一回かかってきたことはありました。

宏洋氏は「公《こう》」と「私《し》」の区別ができない

大川隆法　彼には「公《こう》」と「私《し》」の区別がないんですよね。

酒井太守　ないです。

大川隆法　女性との食事の席があったりすると、全部「結婚だ」と思うんですよね。

酒井太守　前提はそれですね。

大川隆法　そういうふうに考えるんですね。

その数カ月後、映画「さらば青春、されど青春。」の撮影が終わったあと（二〇一七年十一月。現場の評判として、「どうもよくない」というようなことが聞こえてくる）、試写会があるまでは私に十分な情報が入らないので、●宏洋と千眼さんの二人を呼んで話を聞こうと思いました。

本当にそのつもりで呼んだんですけれども、千眼さんが来たがらなくてなかなか出てこないので、家内が自分から出向いて〝引きずり出しに〟（笑）行ったのは覚えてい

●**宏洋と千眼さんの二人を……**　映画「さらば青春、されど青春。」（製作総指揮・大川隆法）では、大川隆法総裁をモデルとした主人公を宏洋氏が、ヒロインの額田美子《ぬかたよしこ》を千眼美子氏が演じたため、2人が呼ばれた。

ます。

千眼美子　（笑）

大川紫央　今から思うと、本当に申し訳なくて、あのまま来なければよかったかもしれない。

千眼美子　いえいえいえ（笑）。

大川隆法　来なければよかったのかもしれないね。

大川紫央　約束の時間になっても美子ちゃんが来ないから迎えに行ってしまったのですが、きっと本当は来たくなかったんだ。

大川隆法 ごめんね。

大川紫央 ごめんね。

千眼美子 いえ（笑）。

大川隆法 「お昼はステーキだよ」とか言って釣ったので。

大川紫央 「お肉を食べられるよ！」とか言って、美子ちゃんを釣っちゃいました。

千眼美子 （笑）

大川紫央 「先生に報告する場でもあるし、仕事だから」ということで呼んでしまったんですけど、「呼ばなければよかったな」と思っています。

千眼美子　いえ、ステーキに……。ステーキを頂きました（笑）。

現場スタッフたちから酷評《こくひょう》されていた宏洋氏

大川隆法　実際、「撮影の現場はどうなっていたのか」が分からなくて、どうも悪い評判がちょっと聞こえてくるので、それを訊いてみたかったんですけど。

結局、後日、スタッフを集めて訊いてみたら、「そうとうひどかった」ということです。社長で主演もしているのに、小劇場の舞台出演を優先して撮影を中断させ、多額の損失を出すなど、いろいろなことをしていて、その後、宏洋は社長を解任になっているんですね。

また、要するに、「俳優として才能がない」とはっきり言われていましたね。そういうことを言われて、私もショックでした。「『才能がない』というところまで来ますかあ」という感じですが、そういうことを言われたのは覚えています。

また、「撮影関係者たちからは（何を言っても、何を伝えても反応が返ってこない）〝コンクリート〟といわれていた」という話も聞きました。

でも、その一緒に話を聞いたときの感じでは、千眼さんは彼をほめてくれていたように は聞こえたんですけどね。

千眼美子　そうですね。私がすごく覚えていることがあります。

確かに、評判が悪かったりすることはありましたけれども、そのとき宏洋さんは、たぶん、映画でお芝居をすること自体がまだ二回目とか三回目とかで、初心者であられたので。最初からお芝居が上手な方はいらっしゃらないので。私は、宏洋さんのことを、やっぱり、「教団のなかで芸能・文化事業を引っ張っていく方なのかな」と思っていましたし、私が出家するきっかけをつくってくださった一人でもあったので、「役者としても共に頑張っていかなくてはならないな」とも思っていました。

いろいろと思ったことはありましたけれども、まだ初めてだから、私はこの日、「何があっても宏洋さんのことをほめよう」と決めて行ったのをすごく覚えています。

宏洋さんは、最後の「泣きのシーン」というか、額田美子《ぬかたよしこ》さんと別れるところで、すごく涙を流されていました。ただ、「総裁先生は覚悟を決めて別れを告げられているので、あんなに泣いたりはしないなあ」と思ったので、「お芝居としては間違っているな」とは思ったのですが、「全力で臨《のぞ》む姿勢はすごくいいと思いました」と言って、ほめる方向で話していたんです。

ところが、その話をしているあたりから、急に、宏洋さんが当時お付き合いをされている彼女さんの話をし始めたんです。

大川隆法　名前を出し始めてね。

千眼美子　「映画の現場の報告をしているのに、いきなり何を話し出すのかな」というようなことはありましたね。

大川隆法　そのあと、急に、千眼さんのことを「嘘つきだ、嘘つきだ」と、いっぱい言い出したんですよね。

突然「結婚」の話題を持ち出し、周囲を凍《こお》りつかせた

大川直樹 私も、十一月十八日のその場に同席しておりました。

大川隆法 ああ、あなたもいたのか。

大川直樹 前述のとおり、最初は、総裁先生は千眼さんと宏洋氏から撮影の報告を受けていました。

その後、宏洋氏から当時の彼女の話題が出たりして、映画の話題から逸《そ》れ始めたあたりで、宏洋氏が、「あの話をしなくていいんですか」と言って、急に話題を振りました。そして、唐突に「僕は千眼さんと結婚をするつもりはないんで、千眼さん本人に伝えておいたほうがいいんじゃないですか」と自分から言ったんです。

われわれは誰もが、「なんで、そんな話？　何の話をし始めるんだ」と思って、唖然《あぜん》とした覚えがあるんです。そういう話を自分から振ってきたわけですが、「いやいや、何を言っているんだ」と……。

大川紫央　あの場は凍《こお》りつきましたよね。「この人は、いったい何の話を、突然、この席でし始めるんだろうか」と思いました。

大川咲也加　凍りつきましたよね。

大川紫央　先ほどから言われている「公私混同」で、仕事とプライベートを区別する発想がないから、たぶん宏洋氏としては、そのとき二人が呼ばれたから、結婚の話になるものだと思ったんだろうと思います。

竹内由羽　そうですね、きっと。本人は「そういう食事会なんだろう」と思って、そこに行っていた。

大川紫央 ただ、こちらは、「仕事の報告を聞く」ということで話を聞いていたので、「結婚」というワードが出て、ちょっと衝撃が走りました。そのあと、私と咲也加さんとで、それについて美子ちゃんに慌《あわ》ててフォローをしたのは覚えています。

千眼美子 本当に、いきなり「結婚」の話を持ち出されたので、その場にいた、宏洋さん以外の方が全員、「何の話?」と。「何の話をしているんだ」という空気になりました。

私は、酔っ払って霊言の体で話している宏洋さんから、「結婚」というワードが出てきたのを覚えていたので、ちょっとどぎまぎしていたんですけど、そうしたら、総裁先生が「そういう話はありません」ということを……。

大川隆法 うん。そう言ったら、あなたは確か、「よかった」と言った覚えがあります。

千眼美子　はい。

大川隆法　宏洋はいたよね、あのとき。

千眼美子　ええ。いらっしゃいました。

大川隆法　私が「そんな話はありません」と言ったら、確か、あなたは「ああ、よかった！」と言って。

千眼美子　言いました。

大川隆法　宏洋はそこにいたんだよね。なんで、これが「結婚強制」になるの（会場笑）。「何もしていない」と言って……（笑）。

現場を盛り上げるため、宏洋氏に気を遣《つか》っていた千眼美子氏

大川紫央 しかも、宏洋氏本人には、そのとき付き合っていた彼女が別にいたので、私たちとしても、ほかの人との結婚を勧めるとか、そういうことはできないじゃないですか。

大川隆法 それは社会的にありえないことですから。

大川紫央 しかも、内部のタレントさんとお付き合いをされていたので……。

大川隆法 それが、一回目の社長解任要求の理由になっているからね、本当にねえ。

大川紫央 先ほどの（宏洋氏の演技に関する）千眼さんのコメントのあと、美子ちゃ

●**一回目の社長解任要求** 宏洋氏は2017年11月23日にニュースター・プロダクションの社長を解任されているが、3月にも一度、劇団の立ち上げと映画のプロモーションが始まる直前の大事な時期に、女性問題で公私混同をしたこと等から、社員から解任に関する決議が出されていた。

んに対して、「クソ女」とか「あいつには二面性がある」とか、言い始めるんです。

でも、立場上、宏洋氏は社長だし、美子ちゃんは宏洋氏に対して、「演技の経験はまだ少ないのに、こんなに全力でぶつかってきてくれるのだから、これから伸びしろがあると思う」という感じのことを言ってくださっていました。先生も私たちも、その意味合いを分かっていたんです。

なのに、彼にだけは、なぜか、それが伝わりませんでした。

美子ちゃんは、現場をちゃんともり立てなくてはいけないから、宏洋氏にも、「よく頑張っていましたよ」と言うと思います。一方では、監督さんなど、ほかの方が言う意見も分かるわけですが、自分がそちらのほうに完全についた場合、宏洋氏の性格からすると、険悪な雰囲気になるのは目に見えているじゃないですか。

「そういうことも考えて、ちゃんと気を遣《つか》ってくださっているのが分からないのか」ということを、一生懸命、彼にも言ったんですけど、まったく通じず、結局、「千眼美子は嘘つきだ」ということにしかならなかったわけです。

「台本がクソつまんない」発言はなかった

喜島克明　私からもよろしいでしょうか。

一六〇ページになりますけれども、「映画『さらば青春、されど青春。』の撮影が終わって、隆法から大悟館に招かれました。ソファーに並んで座らされ、隆法は『映画の撮影どうだった？』と聞き始めます。清水さんが、撮影現場に入る前から『台本がクソつまんない』と不満を言っていたので、私は、『撮り切ったけど、台本がつまんなかったよ。清水さんも、そう言ってました』と、隆法に言いました。すると清水さんはいきなり、『そんなこと言うなんて、信じられない』と泣き始めたのです」とありますが、このあたりについて何かありますでしょうか。

竹内久顕　「台本がクソつまんない」という発言は、千眼さんは絶対にしていません。何があったかと言いますと、千眼さんは脚本を読まれて感動したのですが、ただ、額田美子のシーンに関して、役を深めていくときに、「もっとこういうシーンにしたい」「もっとこういう表現にしたい」というのを、シナリオ担当者にお話ししてOKを頂いて、監督にもOKを頂いたという話です。

だから、**「クソつまんない」**という話ではなくて、今のシナリオでもいいんだけれども、額田美子の役を深めていくと、「もっとこういう表現にしたい」「もっと女性の気持ちをこう表したい」というのが出てきて、それを伝えたという話なんですよ。

それが、なぜか**「清水さんが、撮影現場に入る前から『台本がクソつまんない』と不満を言っていた」**という話に脚色されているんですが、実際はそういうことです。

喜島克明　はい、ありがとうございます。

宏洋氏が総裁と「二人きりで話した」というのは嘘

大川咲也加　この本の一六一ページに書いてある、**「清水さんを交えて４時間くらい話し、**そのあと隆法と二人きりで5、6時間話したのです**」というところなんですけれども、「二人きりではない」ですよね。

大川紫央 それは二人っきりではなくて、「私もいた」んです。しかも、「総裁先生の部屋」に来たのではなくて、「私の部屋」に来ました。

酒井太守 一六一ページですね。**「そのあと隆法の部屋へ行き、親子二人で話をしました」**とあります。

大川紫央 たぶん、宗務《しゅうむ》本部にいた方々なら（宏洋氏の突撃スタイルが）分かると思うんですけど、宏洋氏は突然来るんです。その日も、「これで、ようやく終わった」と思って……。

大川隆法 「終わった」と思ったら、そのあと突撃してきてね。

●**宗務本部**　幸福の科学の総裁周りの仕事をするセクション。男性スタッフも女性スタッフも、秘書機能を持ちつつ、本質的には霊域の結界《けっかい》を護る巫《み》女《こ》的な役割を担っている。

大川紫央　私たちは報告会の間、ヒヤヒヤしていたから、もう疲れてしまって、補佐室に行って「ちょっと疲れたね」と言っていたら、例のごとく、突然、私の部屋にパッと現れたんですよ。

それで、「あっ、来た！」と思って（笑）、それで三人で話をしたんです。宏洋氏は、美子ちゃんの前では、ずばりは言えなかったけど、「あいつはクソ女ですよ。嘘つきだ」ということを言い始めました。

それで、先ほどの話について、もう一回説得しようとして、「いや、千眼さんはそういうつもりで言ったんじゃなくて、仕事としても、いろいろと考えて言ってくれているんだと思いますよ」ということを私も先生も言ったのですが、話は通じませんでした。

所属タレントを十時間も拘束《こうそく》して交際を承諾《しょうだく》させた

大川紫央　そして、宏洋氏は、当時お付き合いをしていたタレントの方と「結婚する」

と言い始めました。

　でも、そこに至るまでにも、いろいろなことがありました。●先に出る書籍にもいろいろと書いてくださっているんですけど、付き合っていた彼女にしても、三月に宏洋氏の主演で「三国志」の舞台をしたときに、十時間、拘束《こうそく》して承諾《しょうだく》をしてもらい、ようやく交際をスタートさせています。

　宏洋氏はその方と「結婚したい」と言っていましたが、彼女さんのほうは、「結婚までは考えていない」と言っている、とこちらは聞いていました。

竹内由羽　結婚の意志はなかったんです。

大川紫央　そう。「結婚の意志はない」ということは聞いていましたので、宏洋氏から、「結婚しますので」と言われても、親の立場としては、「彼女さんのほうには、結婚す

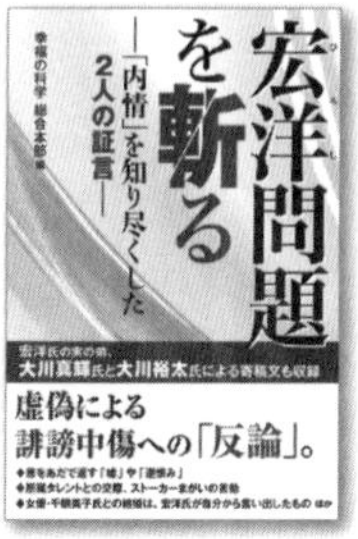

●先に出る書籍にも……　『宏洋問題を斬る』『宏洋問題の深層』（共に幸福の科学総合本部編、幸福の科学出版刊）参照。

るつもりがないんじゃないの？」とか、お互いに好き合っていると宏洋氏本人は思っているけど、客観的に見るかぎり、「お相手のほうは、本当に宏洋氏のことを好きなんですか？」とも思えるわけです。

社長に十時間も〝缶詰め〟にされたら、「うん」と言わないと駄目だと普通は思うじゃないですか。だから、「そういう気持ちがあって交際になっているんじゃないの？」とか言うんですけど、通じない。

大川隆法　マネージャーの嶋村さんに電話して、「ＳＯＳ」を……。

大川紫央　それは、そのタレントさんが十時間の拘束をされたときですね。

嶋村美江　そうですね。三月に劇団の舞台が始まる前に一回、話をしています。彼女は二十歳《はたち》になったばかりでしたし、そもそもプロダクションに所属したばかりだったんですよね。

その前にも少し芸能活動の経験があったので、「私としても、これから一生懸命、営業をして活躍していただこう」と思っていましたので、それも伝えて、「宏洋さんは事務所の社長でもあるし、今は、お付き合いはせずに、女優業に専念して頑張っていこうよ」という話をしたんですよね。そうしたら、本人は「分かりました」と。本人としては、一回、納得をして、「女優業を取りたい」と言っていました。

ところが、数日後に、宏洋さんが彼女の自宅のほうに行き、十時間ぐらい拘束したんです。それで、彼女から「今、家の下まで宏洋さんが来ているのですが、どうしたらいいでしょうか」と連絡があり、やり取りをしました。

大川紫央　そういうやり取りをお聞きしていたので、そちらのタレントさんも信者の方ですし、こちらとしても、それほど簡単に「ああ、結婚してもいいんじゃない？」と言えるようなものでもなかったので、そういう話をしていたのですけれども。

大川隆法　彼女には「ほかに好きな人がいて」という情報も聞いていたから。

大川紫央　三月に宏洋氏にアタックされているときに、「でも、ほかに好きな人がいるんだ」ということもおっしゃっていたんですよね？

嶋村美江　そうですね。はい、言っていました。ちょっと面談で話したときに、「実は忘れられない人がいるんだ」という話は聞いていたので。

大川紫央　そういう話をこちらも聞いていましたので。

ですが、その十一月の話し合いのとき、彼は結局、「でも、僕は彼女と結婚したい。そちら（親）が『うん』と言わなくても、僕は結婚するし、これで親子が会えなくなっても、距離ができても、全然いいんで」というような感じのことを言って、去っていったという。

その直後、由羽さんのところに行ったのだと思います。

竹内由羽 そのときは、「総裁先生に、百花《ももか》との結婚のことを話してきました」「反対はされたけど、僕としては、意志は変わっていません」というような話をしていました。あと、言っていたのは、「あいつ（千眼さん）は大嘘つきのクソ女だ」「先生は、僕より千眼さんを取った」ということです。

千眼美子氏に対する嫉妬心《しっとしん》を剝《む》き出しにする宏洋氏

竹内由羽 あと、「総裁先生には芸能系の仕事に口を出さないでもらって、僕が全部そこを仕切る」という話をしていましたね。

大川隆法 「千眼さんのほうを取って、千眼さんを中心にうちの芸能事業をやるんだったら、僕は、今までのように正月に来たり、家族で写真を撮ったりするようなことはもうしないからね」というようなことを言っていたので、「この人は女性に嫉妬《しっと》するのだろうか」という感じを受けたのは覚えています。

竹内由羽　そうですね、言っていましたね。

大川紫央　言っていましたね。

竹内由羽　「僕じゃなくて、あいつを選びやがった」という感じでした。

大川紫央　なぜか、「どちらを選ぶか」の話になっていました。

大川隆法　私は、「異性に嫉妬する」という、この感情がちょっとよく分からないんですよね。「役者として競争しているつもりなんだろうな」と想像するぐらいしか……。

大川紫央　そういうものが明確に分かりましたよね。

大川隆法 そう、「競争しているつもりなんだ」と。

大川紫央 そうは言っても、自分は社長であり、千眼さんはそこに入ってくれたタレントの一人であるので、その関係がどうして分からないのかなと思いました。

大川隆法 ですから、基本は、「キムタクが千眼美子に演技指導をしてやる」というぐらいの気分でいる感じなんですね。どうもそうらしいのだけれども、周りはみんな、「もうちょっと、あの演技はどうにかならんか」と、ウンウン言っていたので、そんな感じのズレでしょうか。

竹内由羽 そうですね。演技のところへの嫉妬もありましたし、「総裁先生の愛を自分がすべて一身に受けたいんだけれども、結局、息子の自分ではなくて、娘でもない千眼さんのほうを取った」というように思っていましたね。

大川隆法　それは、「竹内夫妻も、千眼さんをお世話するほうを優先して自分を捨てた。父親も、長男を捨てて千眼さんのほうに回った」というような、まあ、そんな感じでしょうか。

振られた腹いせに週刊誌の取材を受けたのなら「男として恥ずかしい」

大川隆法　あとは、三月の劇のときも、「みんなの霊調《れいちょう》、波動が悪いので、『正心法語《しょうしんほうご》』を事前に読もうという話になった。それも、百花が言ってやっていることだ」ということだったのですが、聞いてみると、「実は、竹内由羽さんが『そうしたらどうか』と言って始めたらしい」ということで、「違うんじゃないの？」というような話もあった気がします。

竹内由羽　そうです。私が百花さんや他のタレントにお祈りをするように伝えたことを百花さんが宏洋氏に伝えたことで、宏洋氏が百花さん発信のアイデアだと思い込み、

●『正心法語』　幸福の科学の根本経典『仏説・正心法語』のこと。全編が仏陀意識から降ろされた言魂で綴られている。

絶賛していたことがありました。

大川紫央　それで「彼女は仕事ができる」というようなことを宏洋氏は言っていて、彼が勝手にプロダクションも彼女に仕切らせようとしていたのだけれど、今、先生や由羽さんがおっしゃったようなズレがあったんですよね。

大川咲也加　結局、宏洋さんは千眼さんが気になっていて、自分としても、「あわよくば、結婚したいな」という気持ちを持っていたのでしょうけれども、「それをほかの人は誰も言ってくれないし、自分が言う前に誰かが千眼さんを説得して、その気にさせてほしいのに、誰もやってくれない」と。

しかも、千眼さんに振られそうというか、ちょっと嫌がられていたので、逆振れして、「自分を受け入れてくれないなら、相手を壊してやる」という恨《うら》み心で、彼女さんのほうに行ったり、千眼さんの悪口を言ったりして、当てつけのようにやっていた印象があるので、何だかちょっと嫉妬深い女性のようでした。

「愛してくれないなら、滅ぼしてやる」という感じがありました。

大川隆法　由羽さんから聞いたような気がするのですが、「千眼さんにはどうも振られそうなので、〝滑り止め〟として、もう一つ押さえておく」ということで、「僕は彼女がいるんだ」という〝安全パイ〟をまず押さえておこうとしたのでしょうかね。

大川紫央　周りからは、「振られたと思われたくないのかな」というように見えました。

竹内由羽　たぶん、「振られた」ということは認めたくない。「自分が振った」ということなら、プライド的に許せるのですけれども。

でも、「ああ、僕は事実上、拒否されたんだな」という自覚はしたのだと思います。

大川隆法　もし、「拒否された」と思っているのであるならば、「週刊文春」で「千眼美子と強制結婚させられようとした」などと言うのは、これは男として恥ずかしいことですよ。

竹内由羽 「腰抜け」ですね。

大川隆法 本当に恥ずかしすぎますね。

大川紫央 「強制」するのは、他の問題等も見ているかぎり、宏洋氏からのほうが圧倒的に多いですよね。

大川隆法 （笑）

竹内由羽 はい。そうですね。

大川紫央 「強制」といえば宏洋氏。

竹内由羽　むしろ、こちらが宏洋氏に強制されていたぐらいだったと思います。でも、何度も話したんです。「強制なんて、そんな話はなかったでしょう？　私もあなたに確認をしたよね。あなたが『結婚したい』と言っていたよね」という話はするんですけれども、まったく入らなかったです。

大川紫央　もう覚えていないんですよね。

竹内由羽　はい。

大川紫央　ややこしい話で本当に申し訳ないのですが。その三月の舞台のときも、結局、恋愛感情がもつれているわけなので、それを宏洋氏は仕事に絡めてくるために、とにかく分かりにくくなるんです。

大川隆法 そうそう。分かりにくいですね。

大川紫央 でも、舞台の直前から交際が始まって、スタッフのみなさんも仕事としてはやりづらいし、宏洋氏もちょっと変になっているから、一回、解任決議にまで行っていると思うのですけれども。

それに対して、総裁先生は、「表舞台に立つほうとしては、かなりプレッシャーもあるだろうし、ちょっと変になって奇行に走る人もけっこういるものだから、そういう面も考慮《こうりょ》してあげてほしい」ということと、恋愛のところについては、「好き嫌いは主観の世界なので、周りがそれをいい悪いと言える問題でもないし、お付き合いをしたいならするということにしたとしても、そこを分けて、舞台だけは仕事として乗り切ってみてはどうか」という提案をしてくださったわけです。

ただ、ひとえに、問題が彼のなかでは全部一緒のことになっていくので、そこを整理するのが非常に難しいんですよね。そういうところが前提としてありながら、十一月十八日に補佐室で話した夜の出来事になっていきます。

千眼美子氏を「元婚約者」と呼ぶことは、名誉毀損《めいよきそん》ではないか

千眼美子　「結婚強制」については、まず、しっかりとお話ししたこともない方から、三回ぐらいしかお会いしていないタイミングで、しかも映画の撮影のご報告をするなかで、そういう話をし出すということも本当に気持ち悪いですし。

今、お話を聞いていて、これは別に宗教とか幸福の科学とか関係なく気持ち悪いなと思ったのは、一芸能プロダクションの社長が、自分の事務所に所属している十歳ぐらい年下の女の子に手を出して、十時間ぐらい詰めて「付き合え」と迫っていること自体が、世間一般的にありえないです。

「結婚強制」と言って、ここに書いていることは嘘です。

私もその現場にいたので見ているんです。「先生から結婚を強制された」と宏洋さんは言っているんですけれども、私の目の前で、総裁先生が結婚のことについて、「そういう話はありません」と言われるのを見ていますし、「結婚」というワードは宏洋さん

からしか出ていません。

本当に嫌だなと思うのは、今、YouTubeをしていると思うのですけれども、「僕の元婚約者」とか言っているのが、もう本当に気持ち悪くて。

大川隆法　いや、彼が青学法学部卒だと言っても〝勉強していない法学部〟だから分からないのかもしれないけれども。民事上の名誉毀損《めいよきそん》というのはお金の問題で、「お金をくれ」ということですが、これははっきり言って、刑事上の名誉毀損に当たるものであって、犯罪に近いのではないでしょうか。

佐藤法務室長、どうですか。こういう、社会的に一定の地位があって活躍している人に対して、「元婚約者」というような嘘のことを言うと、これは明らかに仕事上でも大きなダメージが出ますよね。

酒井太守　どうですか、佐藤弁護士。

佐藤悠人　本当に、言い方によっては犯罪になりえます。それにしても、「彼のやっていることはひどすぎる」というのは、千眼さんもそのとおりのお考えだということですね。

大川隆法　ですから、みなさんには、「本当にごめんなさい」と言うしかないけれども、精神病院に入れる代わりに〝放し飼い〟にしていたので許してくれと言うぐらいしかありません。

霊能というのは、外れれば病院に行ってしまうので。病院に直接連れていったら、「ああ、解離性障害《かいりせい》ですね。入院してください」と言われるぐらいのもののなのかもしれません。何とか、仕事をしながら、そこでまともな判断力をつけていくしかないぐらいのレベルだったのですが、どうしても、頭と下半身が分かれるのかもしれません。〝頭脳〟が二つあって、下半身は言うことをきかないし、頭では違うことを言うこともあるのです。

大川紫央　「元婚約者」などとよく言えるなと思います。本当に詐欺《さぎ》に近いです。

大川隆法　いや、これは嘘つきとしてもすごいですね。

酒井太守　佐藤弁護士、今の話で婚約は成立しているのですか。千眼さんは「知らない」と言っているわけですが。

佐藤悠人　婚約が成立しているかどうかですか（苦笑）。いや、それは申し上げるまでもないと思いますけれども。というか、まったく婚約など成立していないのに、それを使うというのは、ちょっとひどすぎるのではないでしょうか。これは、千眼さんからすれば、本当に被害がありますよね。

千眼美子　いや、直接にお会いしてとか、家に押しかけられたりとかはしていないですけれども、気持ちとしては、本当に〝遠隔ストーカー〟に遭《あ》っているような思いでいますので、今日は、佐藤弁護士に、「そういうかたちで訴えられないのですか」ということを訊きに来た面もあるんです。

佐藤悠人　はい。

千眼美子　まず、「その事実もない」のですけれども、「結婚強制が嫌だ」とか言っておきながら、「自分でそれを事実にしようとしている」ということが矛盾していますし、本当に気持ち悪くて、しんどいです。

大川隆法　宏洋はあまり勉強しないから、社会ではパワハラやセクハラ等がけっこう厳しくなってきていて、いろいろなところで問題になっているのを全然気にしていないのだと思います。自分にはまったくの素通りなのでしょう。「世間ではそういうものが事件になって、新聞や週刊誌にたくさん載っているでしょう?」と言っても、おそらく、「自分には関係がない」と素通りしていくのでしょうね。

やはり、これは、ちょっと〝病気〟でしょうかね。かわいそうですね。

でも、私に向かって「ストーカーだ」と言ったこともあるのです。映画「さらば青春、されど青春。」で長谷川奈央《はせがわなお》さんが演じた役のほうですけれども、「彼女にストーカーしたところは、カットしといてやったからね」と言われて、「あれっ？　何を言っているのだろうか」と、こちらはキョトンとしたこともありました。

大川裕太　宏洋さんがカットしたという脚本は、私が書いたものですので（笑）。

宏洋さんの、好きな女の子ができて、仕事関係上で追いかけたくなる気持ちは分からなくもないのですけれども、それを世間に対してあまりにも堂々と、「この人は私の〝元婚約者〟です」というように言う神経は、ちょっと違うかなという気持ちはあります。そこは、「相手に申し訳ない」という気持ち、誠意をしっかり持って「反省します」という態度が大事なのではないかと思います。

映画の〝ストーカー〟のくだりは私が書いたところなので、それは私の責任です。

大川隆法　いや、あの当時は携帯電話もありませんので、ストーカーなどとは言わないんですよ。お手紙を出したり、どこかでお待ち受けして、偶然会ったようにして話しかけるとか、その程度しか接触する手段がなかった時代でしてね。今とはちょっと違うのですけれどもね。

大川裕太　ただ、宏洋さんは芸能事務所の社長をしていたという立場ですので、そのような傾向性があるなかで、やはり欲を抑えながら修行《しゅぎょう》するということが課題でした。仕事に関して言えば、犯罪というところまでは行っていなかったというあたりで、「塀《へい》の内側に落ちるか、外側に落ちるか」というギリギリの線引きであったのかなあとは感じています。

千眼さんには、本当に本当に申し訳ないことだったと思うのですけど、彼はそのへんの分別《ふんべつ》が大きな課題だったと思います。

3 宏洋《ひろし》氏の芸能の実力の真相

「俳優としての才能がない」と、プロ筋《すじ》からはっきり言われた

大川隆法　十一月に千眼さんと宏洋《ひろし》の二人を呼んで話をしたときは、映画「さらば青春、されど青春。」の演技がどうだったかということについて確認したくて呼んだのですが、その二日後ぐらいに、スタッフたちの意見を聞いてみたら、あまりにも評判が悪かったのです。

「主演というのは、座長に当たるんだ。だから、撮影期間中は、自分を座長だと思って、全責任を背負うぐらいのつもりでなければ駄目なんだ」というようなことを周りの人たちは言っていたのですが、彼にはその自覚がまったくなかったようです。

それから、「途中で撮影のブランクがあって、五千万円ぐらいの損失が出ています」とか、いろいろなことを言われました。

その前に一回、社長を解任決議されていて、本当は六月ぐらいには退任していたはずなのに、私のほうが、「そこは、さすがに何回か練習しないと、まだうまくならないものもあるし、経験もあるかな」と思って、「もうちょっとだけやらせてもらえないか」と嶋村さんたちを必死でなだめたのです。次の作品を一つぐらい踏んでみたらというように思っていたのですが、やはり、また同じように蒸し返しが出てきたので。

監督からも、「俳優としては才能がありません。舞台のほうについては私は分かりませんが、映画俳優としては才能がありません」と、はっきり言われました。「才能がない」とまで言われたのは、さすがにちょっとショックでした。「二、三割ぐらいは」とか、「ちょっとはあるけれども、あと五年、十年かかる」とか、そんな言い方なら分かるのですけれども、「才能がない」とまで言われたら、どうでしょうか。

普通は、あのくらいの規模の映画で主演を張るとなれば、そうとう選抜されてきているだろうから、「そもそも役者になれないようなレベルだったら、なるわけがないものを、ここではやっている」と、プロ筋《すじ》の人はそう見るんでしょうね。

一回目の準主演をした「君のまなざし」のときは、鬼に変身する役だったし、時代

●六月ぐらいには……　宏洋氏には、2017年3月に、ニュースター・プロダクションの社員から1回目の社長解任に関する決議が出されていたが、宏洋氏本人との話し合いのなかで、映画「君のまなざし」の公開終了後の6月末をもって辞任するという選択肢も出ていた。

劇の部分が入っていたので、あれでちょっとごまかした部分があるのでしょうね。あれでアクションをやっているように見えたところがあったから、それほどは分からなかったところもありました。また、撮影も、演技が下手なところは、遠隔《えんかく》カメラの映像を使用して分からなくしました。

外部キャストから「下品」と指摘された下ネタ

大川隆法　そういう意味で、残念ではあります。本人は「自分が請け負ってやった」というようなことを言うのですけれども、実際には、彼にできる仕事がないかと探して探して、咲也加さんが、兄貴一人だけはぐれているのを見て、「仏陀再誕《ぶっださいたん》」（製作総指揮・大川隆法、二〇〇九年公開）のアニメ映画のころから、「ちょっとだけ手伝ってみないか」というように遠回しに入れてきて、手伝わせようとしてやってきたものなのです。

また、裕太がもう一回、救い船を出して、「芸能系をやらないか」と誘って、二回目も（建設会社から）帰ってきたりしているわけです。

しかし、彼はすべてが一人称なので、「自分」なんですよね。ですから、「隆法」というのはすべて自分のこととイコールで、「宏洋」のことになってしまいます。それから、劇でも、全部自分がやるということで、脚本も書こうとします。

ですから、「さらば青春、されど青春。」が裕太の脚本原案になって腹が立って、ふてくされたのかもしれないけれども、宏洋の案でいくと、同じ女性で最初から最後まで貫くかたちだったので、最初に会った大学時代の彼女が、名古屋の彼女にもなっていて、何年か後に名古屋で偶然出会い、そして、そのままホテルでベッドインという話になっていたので、いくら何でもこれはなかろうと。

ほかにも、学生時代に子供をつくったといったものもあったと思いますが、「教祖伝のようなもので、こういうのはやめてくれないか」と言ったことがあります。そんなことにも不満で、怒っていましたからね。

大川裕太　「三国志」の舞台をやったときも、下ネタが多いんですよね、とにかく。

大川隆法　あれでも、そうとう削ったらしいですね。

竹内久顕　あの舞台のときも、われわれが言うと削らないんですよ。「これは芸術なんだ」と言って、なかなか削らなくて、最後に外部キャストの方が、「俺の舞台で、こんな下品なことはやったことがない」と言ったので、一部分はカットできたんですけれども。

大川紫央　「そのほうが世間の人にはウケると思っている」と。

竹内久顕　そうです。このほうがウケると。

大川紫央　それなのに、外部のベテラン俳優さんから言われて、ようやくちょっと削ったということですよね。

先ほどの「さらば青春、されど青春。」などもそうなんですけれども、宏洋氏のシナリオというのは、主人公が、どう見ても宏洋氏自身になることがほとんどで。

大川隆法　そうですね。

大川紫央　この本を読んでみても、「隆法は」「隆法は」と台詞《せりふ》を書いているのですけれども、総裁先生が絶対に使わないような言葉遣《づか》いで、かつ、宏洋氏ならこの言葉を使うし、こういうことを言いそうだなという台詞ばかりが入っていて、これはシナリオと同じ手法で書いているのではないかということに、さっき気づいたんですね。

これも、もしかすると、シナリオとそっくりそのままの感じで、「隆法は」「隆法は」と書いているところを全部、「宏洋は」「宏洋は」と置き換えると、すんなり分かるんです。「ああ、そういう言葉遣いをしそうだな」「こういうことを言いそうだな」という。

でも、総裁先生は、こういう言葉は使われませんし、この本のなかの「隆法」なる妄想で作り出された人物と、そもそも人格が違います。

三十年間、長男として何を学んできたのか

大川紫央　先ほどの、十一月十八日の夜に総裁先生と私と宏洋氏で話し合いをしたときの続きなのですけれども、一六二ページでは、「**30年間やってきたから、いまさら変えられないんだよ**」と総裁先生が言ったことになっているのですが、私はその場にずっといて、その言葉を聞いていませんし、普通に考えても、総裁先生はこういう言葉を言いません。

宏洋氏は、「教義や霊言はつくりものであって、先生が頭で創作して、いくらでも変えられるものなんだ」ということを暗に言いたいのでしょうけれども、先生が教えてくださっている真理というのは、そういう、「変えられる、変えられない」の問題のレベルのものではありません。

この三十年、総裁先生がご家族のさまざまな問題にも対処されながら教団運営をしてこられたのに、長男として何を見ていたのかなと思います。秘書陣でもみな分かる

ことなのに、お子さんでそれが分からないというのは、ちょっと悲しいなということは思いました。

また、「『白髪が目立つな』と、私は感じました」と書いてあるのですが、総裁先生は、白髪はほとんど見えないんですよね。なので、見ていないと思います。

酒井太守　それでは、千眼さん問題について、最後に何かあれば。

千眼美子　「自分だけが知っている」とか「見ていた」というような感じで書いているのですけれども、当時の私は、宏洋さんとはほとんど会っていないので、私の精神状況がどうであったかとか、私の教学がどの程度であったかとか、私に関して宏洋さんが知っていることなんて、一個もないはずです。

なので、もう「ほとんどがでっち上げだ」と言っていいです、はい。以上です。

酒井太守　はい、千眼さんに関する記述も、ほとんどでっち上げだったということが分かりました。どうもありがとうございました。

4　映画事業での挫折《ざせつ》の真相

高校の終わりから大学の初めごろは、総裁を慕《した》っていた宏洋氏

喜島克明　次に、私のほうから、宏洋氏の、仕事に向き合う姿勢や仕事能力についてご確認してまいりたいと思います。

まず、宏洋氏が高校三年生のとき、独り暮らしをしていた職員僧房の部屋から、大《たい》悟館《ごかん》へと戻ってきます。一三八ページ、**「両親の離婚騒動をきっかけに、足が遠のいていた大悟館に出入りする機会が増えました。ちょうど、きょう子《こ》さんが追い出された2階の執務室が空いていたので、『宏洋、そこに住んでいいよ』と、隆法から言われ、再び自分の部屋ができました」**という部分ですが、このとおりであったのでしょうか。

大川咲也加　きょう子さんが使っていた部屋ではありません。

大川裕太　ただの空き部屋で、寒いからということで、あまりみんなが使っていなかった部屋だったんです。

喜島克明　その次ですが、一三八から一三九ページに、「ナンバー2だったきょう子さんが抜けてしまったので、教団の中はガタガタでした。大変そうにしている隆法の様子を見ていたら、少し手を貸さなければという気持ちになって、相談に乗ったり愚痴《ぐち》の聞き役をするようになりました」とあります。

さらに、「幹部の〇〇ってヤツが使えないんだけど、どうしたらいいかな」と愚痴を言うと、「だったら、どこどこへ異動させたら?」などと言っていたきょう子さんがいなくなったので、その役割が自分たち子供に回ってきたと言っています。

実際、ナンバーツーだったきょう子さんが抜けて、教団のなかがガタガタになったのでしょうか。このあたりはいかがでしょうか。

大川咲也加　きょう子さんは、すでに仕事の第一線からは退いていたので、いなくなったことによって仕事が回らないということはありませんでした。逆に、「●巡錫《じゅんしゃく》に行かないでくれ」と妨害する方がいなくなったおかげで、先生は全国に巡錫に行かれるようになったので、むしろ教団の発展期に入ったときでした。

また、大変そうにしている姿を見て、**「少し手を貸さなければという気持ちになって」**というのは嘘《うそ》ではないかもしれませんが、離婚騒動をきっかけに、宏洋さんは総裁先生と直接お話しする機会が増えて、総裁先生のお人柄にとても感銘を受けていました。思っていたよりもフランクに話せる人だなと感じたのか、「パパっ子」になっていたのです。このころは何でも、「パパ、パパ」みたいな雰囲気になっていまして、宏洋さんのほうが先生に懐《なつ》いていました。

先生は、**「幹部の○○ってヤツが使えないんだけど、どうしたらいいかな」**という言い方は絶対にされません。宏洋さんはそういう言い方をするのかもしれませんが、先生はありません。

あと、**「名指しされる職員の仕事ぶりは普段から見ているので」**と書いてあるのです

●巡錫　錫杖《しゃくじょう》を持って巡行する意から、僧が各地を巡り歩いて教えを弘めること。大川隆法総裁は、2007年より、国内・海外での巡錫を精力的に行い、世界五大陸を巡っている。

が、見ていないはずです。総合本部に行ってもいないのに、何を見ていると言えるのでしょうか。

喜島克明　はい。ここにも嘘があります。

木村智重　私もいまだかつて聞いたことはありません。総裁先生は、いつも、われわれ弟子に対しても「さん」付けで呼んでくださいますし、若い世代に対しても「さん」付けが多いですよね。こういった表現は、宏洋氏本人が使っているから、ここに出てくるのでしょう。

大川裕太　当時のきょう子さんは、子供たちにそんなに仕事をさせようという感じではなく、「宏洋は駄目、咲也ちゃんは駄目。子供たちの才能はそんなに信じてないから自分がやる」という感じで、子供たちと競争している面があったと先生からは言われていました。

そのきょう子さんが大悟館から出たので、宏洋さんを除《の》け者にしていた人がいなくなり、宏洋さんは仕事ができるようになりました。

そして、宏洋さんは映画「仏陀再誕」の仕事を始めるようになったために、先生との距離が近くなったんです。宏洋さんが積極的に当会の仕事にかかわるようになって、先生はたいへん喜ばれていましたし、宏洋さん本人もすごく喜んで聖務をしていました。

大川咲也加　私が覚えていることとしては、宏洋さんは先生とよくお話しできるようになったので、「当会の組織をもっとよく知りたい」「当会の組織のなかに入りたい」という思いが自分も芽生えたのか、「先生、お願いがあります。僕をサクセスに行かせてください」と自分でお願いして、サクセスNo.1《ナンバーワン》に行っていました。

ところが、「勉強がつまんない」と言って二、三回で辞めてしまいました（笑）。

ただ、それくらい先生との距離も近くなっていて、むしろ、お願いして当会の何かにかかわりたいという雰囲気がありました。

宏洋さんの大学の入学式も、先生がお一人で行かれて、先生と宏洋さんの二人でご

●サクセスNo.1　宗教法人幸福の科学による信仰教育機関。信仰教育・徳育にウエイトを置きつつ、学力養成にも力を注いでいる。

飯を食べて帰ってくるという、すごくほほえましいこともありまして、宏洋さんもそれをすごく喜んでいました。

喜島克明　高校の終わりから大学にかけては、本当に総裁先生が大好きで、「信頼も信仰もしていた」という状態だったということですね。

いつも周りを振り回したあげく、仕事を投げ出す

喜島克明　これは宏洋氏が大学時代に携《たずさ》わった「仏陀再誕」のアニメ映画の台本のことだと思いますが、一四一ページに、**「隆法は両方の台本を読み比べて、『宏洋が書いたほうが面白《おもしろ》い』と裁定を下しました」**と書いていますが、このあたりの事情はいかがでしょうか。

竹内久顕　確かに当時、宏洋さんの書いたシナリオ見て、先生がこちらのほうがいい

だろうと判断されたことはありました。「仏陀再誕」のときですね。

喜島克明　彼の「生かしどころ」を探していらっしゃったということでしょうか。

竹内久顕　そうですね。

大川咲也加　ただ、同じページに、宏洋さんが当時の脚本を見て、**「ここは構成がおかしい」「このセリフは、こういう言い方はしない」**と頭から書き直して、それを総裁先生に持っていくくだりがありますが、この仕事のやり方は、組織としてはやってはいけないということを、分からずに書いているのでしょうか。

担当の方との話し合いでやればいいのに、**「面倒くさくなったので」**トップに脚本を上げて直談判《じかだんぱん》していたということで、これを武勇伝のように言うのはいかがなものかと思います。

大川裕太　あと、映画「ファイナル・ジャッジメント」（製作総指揮・大川隆法、二〇一二年公開）のときは、宏洋さんが講話をする予定だったのに、急遽《きゅうきょ》、真輝さんがすることになりませんでしたっけ？

大川咲也加　ＰＲのときですね。

大川裕太　ＰＲのときに、最終的に宏洋さんが仕事を投げ出したんですよね。講話の前日になって、「ＰＲもしない」となって。

それで気になったのは、一五八ページで千眼さんについて、**「仕事を途中で投げ出して出家するという筋《すじ》を通さないやり方も、人生を共にする相手として受け入れがたかった」**と書いてあることです。

彼は「ファイナル・ジャッジメント」にしても何にしても、最後のところで仕事を投げ出すんですね。それで、いつも他の人が尻拭《しりぬぐ》いをするみたいなことになっているので、千眼さんにこれを言うのは、「あなたにだけは言われたくない」と、みんなも思うはずです。

竹内久顕　それは、そのとおりです（笑）。

しかも**「仕事を途中で投げ出して」**と書いてあるんですけれども、千眼さんの場合は、実は投げ出していないんですよ。

出家してからも仕事は続けていました。本当に命の危険があるなか、もう歯を食いしばってフラフラになりながら、何とかやっていました。

宏洋さんは、そういうことを知らず、週刊誌が書いた記事を鵜呑《うの》みにして「仕事を投げ出した」と言っているのですが、千眼さんは限界まで放り出さずにやっていて、本当に限界のところで、ドクターストップがかかって辞めたというのが事実です。なので、この見解も間違っています。

「悪霊憑《あくれいつ》き」と言って人を飛ばすのは宏洋氏のほう

大川咲也加　一四四ページに、**「降法が例によって突然『宏洋には悪霊《あくれい》が憑《つ》いている』と言い始め、いきなり映画の担当から外されてしまいました」**と書いてありますが、このとき（ファイナル・ジャッジメント）は、「この脚本には光が入っていないから、当会の映画としてはかけられない」ということを言われたんです。

また、このときの脚本は、他のきょうだいや宗務本部のみなさまからも、あまりにストーリーが地獄的で賛同できない、という意見が多数出ていました。

宏洋さんはよく、「悪霊が憑いていると言われて怒られた」とか、「悪霊が憑いていると言われて外された」という言い方をします。九四ページにも、男子寮に女の子を入れて、**「バレたときは、管理人から『悪霊に取りつかれてる』と3時間くらい叱責されました」**などと書いているのですが、当会の人は、そういう言い方はあまりしません。

悪霊・悪魔という存在は当然いるものと私たちは信じていますが、それは宏洋さんの心境が悪いから、それに引き寄せられて憑依《ひょうい》してくるものです。「悪霊が憑いている から怒られている」というより、「宏洋さんの心のあり方について怒られている」とい うことを理解していないのです。

「幸福の科学ではよく、『悪魔憑きだ』とか『悪霊憑きだ』とか言われて飛ばされる」 という印象操作なのでしょうが、当会の職員は、宗教修行者《しゅぎょうしゃ》として「心の状態」まで 厳しく問われるので、心の状態が悪霊に同通するような状態であった場合は、「心を正 すように」と反省を迫られるということです。

大川裕太　人を「悪霊憑き」「悪魔憑き」と言ってすぐに飛ばそうとするのは、むしろ 宏洋さんのほうですよね。

竹内由羽　そうですね、現に、「誰々の生霊《いきりょう》が来て自分と結婚したがっているから、そ の人を目の前に置かないでくれ」とか「担当を替えてほしい」というのは、よく相談 していましたよね。宗務本部のほうにまで「人事異動をしてほしい」と言ってきてい

郵便はがき

料金受取人払郵便

赤坂局
承認

7468

差出有効期間
2021年10月
31日まで
(切手不要)

1 0 7 - 8 7 9 0

112

東京都港区赤坂2丁目10−8
幸福の科学出版(株)
愛読者アンケート係 行

ご購読ありがとうございました。
お手数ですが、今回ご購読いただいた書籍名をご記入ください。

書籍名

フリガナ お名前	男・女	歳
ご住所 〒　　都道府県		
お電話(　　)　—		
e-mail アドレス		
ご職業	①会社員 ②会社役員 ③経営者 ④公務員 ⑤教員・研究者 ⑥自営業 ⑦主婦 ⑧学生 ⑨パート・アルバイト ⑩他( )	
今後、弊社の新刊案内などをお送りしてもよろしいですか? (はい・いいえ)		

愛読者プレゼント☆アンケート

ご購読ありがとうございました。
今後の参考とさせていただきますので、下記の質問にお答えください。
抽選で幸福の科学出版の書籍・雑誌をプレゼント致します。
（発表は発送をもってかえさせていただきます）

1 本書をどのようにお知りになりましたか？

① 新聞広告を見て ［新聞名：　　　　］
② ネット広告を見て［ウェブサイト名：　　　　］
③ 書店で見て　④ ネット書店で見て　⑤ 幸福の科学出版のウェブサイト
⑥ 人に勧められて　⑦ 幸福の科学の小冊子　⑧ 月刊「ザ・リバティ」
⑨ 月刊「アー・ユー・ハッピー？」　⑩ ラジオ番組「天使のモーニングコール」
⑪ その他（　　　　）

2 本書をお読みになったご感想をお書きください。

3 今後読みたいテーマなどがありましたら、お書きください。

ご感想を匿名にて広告等に掲載させていただくことがございます。ご記入いただきました個人情報については、同意なく他の目的で使用することはございません。

ご協力ありがとうございました！

たぐらいなので、やっていたのはむしろ宏洋氏のほうです。

武田亮　宏洋氏も、「悪霊や悪魔が憑いているのではないか」と判定されることはありましたが、そこに至るまでには、さまざまなやり取りがありました。たいていは、その前に、宏洋氏によるトラブルが発生していて、本人は無反省で周囲に迷惑をかけ続けていたり、相前後して宏洋氏に取り憑く悪霊や悪魔が大悟館に侵入して、その考えを語ったり、いろんなことがあったのです。

宏洋氏には、そのつど、「今、あなたに憑いているものはこういうもので、こんなことを言っている。あなたにも同じような考えがあるのではないか。そういうところは直さないといけない。あなたの考えや心境が変わらないかぎり、あなたに波長同通《はちょうどうつう》して憑いている悪霊・悪魔は取れないし、求められている仕事もできない」と話していたのです。

そういうプロセスがあったのですが、結局、「悪霊・悪魔憑きだと言われて、ひどい扱いを受けた」という、感情的なものしか頭に残っていないわけです。

ちなみに、「青年局長補佐に左遷され、次に、理事長にされた」と書いていますが間違いです。事実は順序が逆で、理事長職を解任されたあと青年局長補佐に異動になっています。

竹内由羽　一点補足で、宏洋氏は、**「隆法が例によって突然『宏洋には悪霊が憑いている』と言い始め」**と言っていますが、宏洋氏からは、「先生から悪霊・悪魔が憑いていると言われた」という話は聞いたことがありません。「ファイナル・ジャッジメント」にかかわっていた当時、「悪魔だと言われたから、僕は駄目なんだ」というような話はありませんでした。

喜島克明　はい。ありがとうございます。

5　理事長解任の真相

理事長就任を喜んでいた宏洋《ひろし》氏

喜島克明　少し戻りますが、一四三ページに、宏洋《ひろし》氏が大学時代の最後に、理事長に任命されたときのいきさつについて、**「私の感覚としては、教団本体の仕事より映画作りに専念したかったのですが、隆法は初めから、教団の仕事にシフトさせるつもりでいたのです。あとから流れを振り返ると、うまくはめられたなと思います」**という表現をしています。これについてはいかがでしょうか。

竹内久顕　理事長就任の第一報は、私が彼に伝えたんです。

ちょうど彼は、友達とテニス合宿に行っていました。いちおう、出家《しゅっけ》することにはなっていたのですが、〝最後のバカンス〟を一月《ひとつき》間やっていたときでした。

基本的にそれまでの彼は、人事の知らせを受け取っても、すぐには反応しないんですよね。「ああ、そうですか」と言っておしまいだったのが、このときはすごく喜んで、「今すぐ帰ります。すぐに大悟館に帰って先生に話しに行きます」と言って帰ってきました。

喜島克明　「はめられた」どころではなく、「たいへん喜んでいた」ということですか。

竹内久顕　すごく喜んでいました。やる気満々で、翌日からすぐに出勤して、当時、事務局長だった鶴川さんや、みなさんに会いに行って、すぐ仕事に入っていったと記憶しています。

武田亮　そのとおりです。本人は喜んでいました。当時、竹内さんがいろいろと助けていたので、すぐに竹内さんに相談して、「明日《あした》からどうしようか」という動きに入っていました。

会議でも寝てばかりで「自助努力」の姿勢が見られなかった

喜島克明　ところが、実際に仕事を始めてみると、想像と違っていたのか、態度がまるで変わっていきます。

宏洋氏の本では一四五ページ、「**理事長職は、上がってくる大量の稟議書や決裁書類にハンコを押していくのが、主な仕事でした。事務局長という番頭さんのような専務がいて、『内容は私が見ますから、宏洋さんは印座の右から2番目にある理事長という欄に、ハンコを押してください』そう言われるまま、ペタペタ押していました**」というところですが、いかがでしょうか。

鶴川晃久　そうですね。実際、大学を卒業したばかりの青年が、最初から大教団のいろんな判断をするのは難しいとは感じていました。

ただ、一四六ページでは「**形式的な仕事ばかり**」と言っているのですが、形式的な仕事など一個もありません。それぞれの案件は、職員たちが汗を流して築き上げてきたプロジェクトの最後の結論部分です。それをプレゼンテーションして、議論したり、判断したりするのが、最後の経営の肝になってくるわけです。

そういう大切なプレゼンを、宏洋さんは「聞いてもしょうがない」と言って、会議中、ずっと寝ていました。「宏洋さん、意見はないですか」「これについては分かりますか」とみんなで声をかけながら、普通のプレゼンだったら一時間で終わるところを、時間をかけて、宏洋さんのために分かりやすく説明していたのを覚えています。

ただ「ハンコを押せ」と言っていたわけではなく、ハンコを押す前に、いろいろなブリーフィングがあって、経理局長や財務局長なども、一生懸命、手取り足取り教えているんです。それでも寝てしまうんですよね。

大川隆法　寝てしまう（苦笑）。

鶴川晃久　興味がないと寝ちゃうんですよ。朝、出勤したらデスクで寝て、会議になったら寝て、ブリーフィングで寝て……。

大川隆法　学校の授業と一緒か。

鶴川晃久　宏洋さんは、今まで映画の取り組みをしていましたし、興味があるメディア事業とか、学生や青年の活動の部分なら経験があるから分かりますよねということで、そうした分かりやすい部署のところは、しっかりと彼にも判断させるように心掛けていました。事業というのは、一つの部署の事業に精通すると、それを応用してほかの部署の経営も見えるようになりますので、そのように促してはいたのです。

渋谷《しぶや》のハチ公前で学生部の街宣《がいせん》活動があったときは、こういう活動なら彼にも判断できるかもしれないと思い、観《み》に行かせたことがありました。そうしたら、「もう、こいつら全然駄目だ」と言って帰ってきました。その理由を訊いてみても、トンチンカンな、枝葉の判断の連続でしたけれども。

大川咲也加　渋谷ハチ公前の街宣ですが、私はちょうどそのとき学生で、ビラ配りをしていまして、そこに宏洋さんが来たんですよ。そのときに私に言ってきたのは、「あそこにいる子、かわいいけど、いつ出家するの?」という言葉でした。「えっ?」ってなりました（笑）。

鶴川晃久　（苦笑）あと、彼は教学をしていませんでした。だから、総裁先生の経営判断や経営方針が、教えに基づいて発されていることが分からない。しかたがないので、六時になると、「家でこの資料を読み込んできてくださいね」「今年のこの経典は大事ですから読んでくださいね」という感じで帰して、判断材料のもとになる蓄積のために、家で学習してもらう時間をつくったんです。

判断材料というものは、基本的には自分で学ぶものですし、彼を六時に帰していたのは、「その余った時間で勉強してください」ということだったんです。

彼の本の一五九ページには、千眼さんについて、「『エル・カンターレ ファイト』という、**悪魔を追放するための基礎的な修法さえ知りません**」と書いてあるんですけど、「あなたは根本経典の『仏説《ぶっせつ》・正心法語《しょうしんほうご》』を全編読誦《どくじゅ》をしたことが一回もないでしょう」と言いたいところです。勉強をしている信者なら必ず知っている「八正道《はっしょうどう》」も、ろくに知らないのに、偉そうに言っているんです。

そういうわけで、「とにかく勉強してください。あと、経営の勉強もしてください」ということで、宿題を渡し、家に帰していたんですけど、「遊んでいたんだろうなあ」と思います。

普通、二十代というのは、仕事に追われ、寝る時間もないぐらい雑務に追われ、そのようななかでも、自己投資で勉強したりしながらやっていくものです。でも彼は、ふんだんな学習時間を与えられても、結局、夜は遊んでいたとか、寝ていたという話でした。みんなで頑張って育てようとフォローはしていたのですけれども。

彼は非常に恩知らずであり、できない理由を人のせいや、教団のせい、総裁先生のせいにするので、人間としては、かなり……。

大川隆法　うーん。だから、年上をみんなクビにしたくなるのかねえ。

でも、やっぱり、学べていないところがあるからね。私なんかも、宏洋の本では〝路傍《ろぼう》の石ころ〟にされてしまっているので、もう言うべきことはないんですけど。
ただ、どうしても、一定の年齢にならないと分からないものもあるし、経験していないと分からないものもある。経験がないものに関しては、書物でもいいから、少しでも「勉強しよう」という気持ちにならないかぎり、インプルーブ（進歩）しないので、しかたがないですよね。
「自分のレベル」に全部を下げようとしている。自分がアニメや歌舞伎《かぶき》などに関心があるからと、レベルを下ろしていこうとするんだけど、なかなかそこまでは下ろすことはできないですよね。

大川咲也加　一四七ページにある、「一般的なビジネスマナーは全然教えられない」というのは、どういうことだったのでしょうか。

鶴川晃久　彼は常々、口癖として、「自分は常識がある。幸福の科学の人は常識がない」

と言っていたので、「一般マナーぐらいは当然知っている」という前提で、私たちもやっていました。

まあ、いつも矛盾しているんです。「雑務なんかしたくない」と言いながら「基本的なことを教えてもらえなかった」と言いますし、「じゃあ、教えますよ」と言ったら、ずっと寝ているし。

本当に天邪鬼《あまのじゃく》な性格なので、せめて、いろんな人が、彼のために一生懸命お世話したことに対する、感謝の言葉があるべきだったのではないでしょうか。

「人との約束を守る」とか、「朝起きる」とか、「会議で寝ない」とか、「仕事の間、とにかく寝ない」とか、「人に教えてもらったら感謝する」とか、こういうことも、徹底して私たちは教えてはいたんです。

理事長の重責に耐《た》えられず、女性に走った？

大川咲也加　同じく一四七ページでは、「ヒラの職員からやらせてほしい」と本人が言って、理事長を辞めたという書き方をしていますが。

竹内久顕　これは、すごい嘘《うそ》なんですよね。

このころは九時から十八時まで仕事をして、その後、総裁先生と一緒に夕食を食べながら、経営判断のレクチャーを受けていくというスタンスでした。

ところが二カ月たつころ、だんだんとストレスが限界値に来始めたんですよ。「もう苦しい」「理事長としての仕事が重たい」と言うようになっていたんです。

そのときに彼が言っていたのは、「実は、一月《ひとつき》前に、大学時代に付き合っていた彼女とよりを戻しました」という話です。

私は、「理事長の仕事が重くて、その仕事から逃げるために女性に走るんじゃないか」と思ったので、彼にも「ここで女性に逃げても、理事長の重みをごまかすことはできないよ」と伝えました。

そうしたら、彼は号泣し始めて、「竹内さんに、そういう言葉は言ってほしくなかった」「決意しました。僕は還俗《げんぞく》します」と言ったんです。意味が分からなくて、「え、え、

●**還俗**　仏教で、一度、僧侶となった者がもとの俗人に戻ること。幸福の科学では、出家者が教団の職員を辞めることを指す。

どういうこと?」となって（苦笑）。

彼女のところを否定されたのが、すごくショックだったようです。「もう、この教団には理解してもらえる人はいないので、理事長は辞めます。先生に直談判《じかだんぱん》します」と言っていました。

そして翌日、宏洋さんは先生に還俗の話をしに行って、理事長を解任となりました。

結局、彼は仕事よりも女性を優先する人間なのです。

宏洋氏は基本的に、幸福の科学の職員を見下している

喜島克明　ということは、一四七ページにある「『お前は私の息子だから、偉くなければいけない。最初から偉くあるべきなんだ。理事長という席に座っていることが、お前の仕事だ。実際の判断は私がするから』と言うのです。ただの操り人形になれ、というのに等しい話です。『それではやっても意味がないから、辞めます』とその場で告げて、辞職しました」という彼の言い分は、正反対であるということですね。

大川咲也加　私はこのとき、居合わせた者の一人ですが、総裁先生はこんなことはおっしゃっていません。**「なぜなら、お前は私の息子だから、偉くなければいけない」**なんて、聞いたことがないですし、私が一つ思い当たるとしたら、「まずは、理事長という与えられた立場で踏ん張ることが大事なんだ」ということはおっしゃっていました。

竹内久顕　その「理事長という立場で踏ん張る」ということを、「ただ、ボーッとしていればいい」と勘違いして。

「いろんな案件が起きたり、厳しい指摘があったりすることに耐え続けることが、帝王学として大事だ」と先生はおっしゃっていたのですが、宏洋氏には、この意味がよく理解できなかったようです。

鶴川晃久　宏洋氏は職員のことをすごくバカにしているんですよね。学生時代からずっとそうなんですけれども、見下しているんです。場合によっては、信者さんのことも見下しています。

というのは、総裁先生のお近くにいたら、経営の話などが出てきて、「職員は、ここがちょっと課題だな」といった話を耳にするわけです。それで、単純に「職員はバカなんだ」と、ずっと思い続けているんです。

それが、理事長になってみたら、実は、職員は高度な仕事をしていたということが分かったんですよね。ところが、その高度な仕事レベルのなかで、「ここが課題で、ここがちょっと駄目で」と先生がおっしゃっていることが、彼にはまったく理解できないわけです。

「幸福の科学の職員はみんな、人間としても駄目で、仕事も駄目駄目駄目のやつらなんだ」と見下していた自分のほうが、実は、一個一個の、小さな経営判断すらもできなかったということなんです。

大川裕太　私も『宏洋問題を斬る』（幸福の科学総合本部編、幸福の科学出版刊）の寄稿に書かせていただいたのですけれども、「信者も職員も宗教を盲信し、みんな社会から疎外されている。一般の受けが悪くて、何のセンスもないバカな人たち」というのが、宏洋さんの基本的な当会像です。

宏洋さんの本にも、**「幸福の科学の職員は、基本的に自分で責任を取りません」「教団の中で出世するのは、ロボット的な人です」「自分をもたない人ばかり」「イエスマンばかり」**などと書かれていますが、それが宏洋さんの典型的な職員像です。基本的にそういう見方でいるので、何かあると「職員は駄目だ、信者さんは駄目だ、みんな駄目だ」となります。

しかし実際は、みなさん、きちんと自分で選んで信仰の道に入っていますし、しっかり勉強されて、努力されて、主《しゅ》のところまで辿り着いてこられています。宏洋さんは、いまだにそれを分かっていないところがあります。

きょう子氏にもそういう傾向がありまして、きょう子氏は、本当に人をモノみたいに言うんですね。「あいつは駄目、こいつも駄目、こいつは使えない」というようなことを、けっこうパンパンパンと言うので、宏洋さんは、その刷り込みというか、遺伝子というか、判断基準を色濃く受け継いでしまったのだと思います。

6　宏洋《ひろし》氏の無責任体質

困ったときだけ親を利用するところがあった

大川直樹　宏洋《ひろし》氏の本の七一ページに**「親に甘えるという感覚が、いまだに私はわかりません」**とありますが、この点について反論しておきたいと思います。

私は二〇一五年に咲也加さんと結婚し、そのころから、大川家の様子を詳しく見聞きするようになりました。

そして宏洋氏がＮＳＰなどで働いている時期に、総裁先生と彼のやり取りを何度か見てきました。その印象としては、困ったときや何か要求があるときに総裁先生のところにやって来ている感じでした。昼食や夕食の時間帯がだいたい分かっているので、急に押しかけてくるのです。

特に夕食どきに多く、そういうときに大悟館《たいごかん》にやって来て、「今、こういうことで困ってるから、どうにかしてほしい」という具合です。

つまり、困ったときなど、自分の要望があるときに先生を頼りにきて、「建設会社を辞めたい」だとか、映画事業に携《たずさ》わるようになってからは、例えば「劇で主役をやりたい」だとか、そういったことを、自分の思いが通るように粘って、先生のそのあとのスケジュールを全部、壊していくのです。

それでも総裁先生は時間を取って、話に耳を傾けられていました。そして、彼の意見を尊重し、要望を受け入れることのほうが、拒否することより多かったです。そのようなやり取りを思い返せば返すほど、「親に甘えるという感覚が分からないと、よく言えるものだ」というのが私の感想です。

さらに付け加えると、彼の本の一四三ページに「職員としての給料で年収1000万円を超えている時期もありましたが、デニーズ、魚民《うおたみ》、お台場《だいば》のケバブ屋、神楽坂《かぐらざか》の新潟《にいがた》料理店でアルバイトもしていました」とあります。また、一四八ページには、「学園の副理事長や青年局副局長という役職につけられたようですが、一度も顔を出さず、仕事もしませんでした。それでも、給料は出ていました。ヒマになったので、そ

のあと1年はお台場のケバブ屋と神楽坂の居酒屋でアルバイトをして、月に30万円くらい稼いでいました」とあります。

このことを、私はこの本で初めて知ったんですけれども、要は、幸福の科学の信者さんからのお布施《ふせ》で僧職給《そうしょくきゅう》（お給料）はもらっておきながら、与えられた仕事や責任を果たさずにアルバイトをしていたということです。このように振る舞っていたのは、「幸福の科学に対しては、こんなことをしてもよい」という考えを持っていたからだとしか思えません。

それは、私たちからすれば侮辱《ぶじょく》的ですが、彼が幸福の科学に、総裁先生に甘えていたということでもあると言いたいです。このようなことは、一般社会でも許されることではないにもかかわらず、それを正しい振る舞いかのように本で述べていることが、私には許せません。

稟議書《りんぎしょ》の数字の意味が理解できていなかった

大川咲也加　一四三から一四四ページに、バイトを掛け持ちしていた理由として、「幸福の科学はそう遠くない未来に潰れることが分かっていたからです。当時既に教団の財政状況はかなり悪化しており、10年以内に大赤字になるだろうことは稟議書《りんぎしょ》を見れば一発で分かりました」とあります。

ただ、私から言わせていただくと、宏洋さんは十年後の経営状況が分かるようなタイプではないのですが。

鶴川晃久　理事長時代は、稟議書を見てはいましたけれども、そこに書いてある内容が理解できていたかというと、ほとんど理解できてはいませんでした。

要は、「算数」ができないんです。だから、数字の意味が分かりません。「教団の信者の人数が一万三千人ぐらいしかいない」という話もそうです。

彼は、「教団の財政基盤はこうなんだ」と言っていますが、数字が全然違っています。当時、彼が見ていた報告書にも、まったく違うことが書いてあったはずです。

このあたりの経営感覚を理解してもらうために、ブリーフィングをしたり、「こういうことですよ」と説明したりしていたのですが、この本を読むかぎり、彼は当時の経営指標を見ていたはずなのに、何にも分かっていなかったことが明らかです。彼の言っている数字は、週刊誌の記事か何かを真に受けているだけではないでしょうか。

武田亮　今、咲也加さんが指摘された、一四三から一四四ページの「**10年以内に大赤字になるだろうことは稟議書を見れば一発で分かりました**」ですが、これを読んだときに私が思い出したのは、総裁先生が当会を立宗《りっしゅう》される前に、実父である善川《よしかわ》先生とお兄様がつくった塾のお話です。事業計画を見た先生が、「三年以内に赤字で潰れることが一発で分かった」というお話があるのですが、これに当てているんですね。

要するに、「総裁は分かっていないが、当会の事業計画を見れば、僕は一発で見抜けるんだ」と言いたいのでしょう。彼には明らかに「教祖願望」があり、先生と競争して、先生よりも上だということをどうにか証明したいのです。

　自分を大きく見せようと格好つけているのですが、実際は算数ができませんし、財務諸表も理解できるわけがありませんから、読んでいる私のほうが恥ずかしい気持ちになりました。

ファミレスのバイトを辞めたときの、あきれた理由

大川裕太　今、バイトの話が出たので補足させていただきます。宏洋さんがバイトを始めたのは大学時代なんですけど、私は宏洋さんが「バイトをしたい」と言った瞬間に居合わせていました。
　総裁先生は、宏洋さんが大学に入った時点で、「付加価値のある仕事を」ということで、映画製作などにかかわっていただこうと、チーム、役職、仕事も用意して、配慮《はいりょ》してくださっていました。それなのに宏洋さんは、「もっと一般の感覚が知りたいんだ」「大学の友達はみんなバイトしてるから、俺もバイトしたい」とごね始めていたん

です。

そこで先生は、外のバイトもいいけれども、飲食店でのバイトを考えているんだったら、まずは東京正心館《しょうしんかん》の厨房《ちゅうぼう》でやってみたらどうかと提案されて、宏洋さんは一週間、東京正心館の厨房でコロッケをつくったりされたんですね。それは、宏洋さんが「やりたい」と言って、先生が場所を用意してくださったんですけど、一週間でもたなくなって、「やっぱり外に出たい」「外のバイト仲間と一緒に仕事したい」「渋谷《しぶや》のファミレスでバイトしたい」と言っていました。

でも、それも、しばらくしたら辞めてしまったんです。どうして辞めたかというと、「ファミレスの店員が中国人とか韓国人ばかりで、理想の職場じゃなかった」と。「みんな会話が通じなくて、つまんなくなって辞めた」というようなことを言っていました。

竹内由羽　私が彼から聞いていた話では、そのファミレスでのバイトも、一週間から十日ぐらいしか続いていませんでした。急に、「なんで皿を洗う意味があるのか分からなくなった」ということを言っていました。

大川咲也加　それは、私も聞きました。「皿を洗う意味が分からない」と。『宏洋問題の深層』（幸福の科学総合本部編、幸福の科学出版刊）にも書かせていただいたのですが、私の部屋で、バイト先に「辞めます」という断りの電話をしていました。

その理由を「ちょっと父が危篤《きとく》なんで、辞めます。じゃ」とか言うのです。お店の人が、「えっ、どういうこと？　大川君。ちょっと待って……」と言っているんですけど、ブチッと切ってしまって。

そのあとはもちろん、折り返しの電話がかかってくるんですけど、「うっぜ、うっぜ」「無理無理」「かかってきた、うっわ、無理無理」などと言って、ずっと拒否していました。

竹内由羽　そう、電話に出ないんですよね。しかも、それまでも、しばらく無断で休んだりしているんです。

大川咲也加　「この間、病気したから嘘《うそ》じゃないよね」とか言っていて。「この間」って、総裁先生が心不全《しんふぜん》と肺水腫《はいすいしゅ》で入院されたのは、宏洋さんが高校一年のときのことなんですけれども。

竹内由羽　なので、「まったく一般常識はない」というところですね。

大川咲也加　嫌になるとそうやって、連絡をするのも嫌で、自然消滅みたいなことをいつもやる傾向があります。嫌いになると、もう連絡も取らない。

竹内由羽　それで、「電話がかかってくるから、僕が被害を受けている」という言い方をしていましたよね。

大川咲也加　そうでした。

酔って湘南《しょうなん》の海岸で一人寝過ごし、財布《さいふ》をなくす

大川裕太　大学時代の宏洋さんは、かなり破天荒《はてんこう》でした。例えば、宏洋さんが湘南《しょうなん》の海岸で泥酔して、そのまま友達に置いてかれて、朝まで海岸で一人だけ放置されたことがありました。

竹内久顕　そのときは、彼から大慌《おおあわ》ての電話がかかってきました。湘南にいて、気づいたら財布《さいふ》がなくて帰れなくなったと言うんです。それで車で迎えに行きました。その後、財布は誰かが交番に届けてくれていたので、スタッフが車で取りに行ったのですが、お金は盗まれていました。

大川直樹　宏洋氏の素行というところで私が覚えているのは、私が出家《しゅっけ》して一、二年目のころ、彼が免停処分を受けたか何かで車を運転してはいけない期間に、手続きか

申請のために免許試験場まで行く際に、自分で車を運転して行ってしまったということがありました。

そのため、私の先輩職員のところに「免許場まで迎えに来て、車を運転してほしい」という連絡が入り、私が免許場まで先輩職員を送り届けたことがありました。

竹内久顕　ちなみに、財布を落としたのは一回ではなくて、合計三回か四回はなくしているので、若手スタッフたちが、毎回カードの停止をしなければいけないのです。

社会人になってからも、よく酔い潰れて、財布やスマホをなくしていました。

武田亮　三回、四回ではきかないんじゃないですか。中学時代からよくありましたから。

大川直樹　このようなエピソードは、彼の場合は、本当にたくさんあります。彼の本では、「自分だけがいかにまともだったのか」と主張したいがために、嘘やデタラメな話が非常に多くなっています。しかし、私が約十年間、見聞きしたかぎり、大川家の兄弟姉妹のなかで、いちばん周りに迷惑をかけていたのは宏洋氏です。そういう方に、幸福の科学は社会常識がないかのように評されたくありません。

喜島克明　そのように一般常識のない彼が、一三三ページでは他のごきょうだいに対して、**「彼らは社会に出たことがありません。働いてお金を稼いだ経験がないし、運転免許さえ持っていません」**などと悪口を言っているのですが、これについてはいかがでしょうか。

大川裕太　あっ、私は、免許を持っています（笑）。

「駄目出し」はするが、「どうしたらいいか」は提案できない

大川咲也加　宏洋さんの考える「仕事」というのが、『宏洋問題の深層』（前掲）で駒沢さんもおっしゃっていたと思うんですけど、「コピーを取ること」とか、「シュレッダ

ーをかけること」とか、そういう基本的な動作だと思っている節《ふし》があります。「ファミレスでお皿を洗うのが仕事」とか。

それらのお仕事も確かに必要なのですが、理事長職などの高度な判断業務などではなく、「手先を動かすことこそが仕事だ」と思っている感じがあります。

喜島克明　それは単なる「作業」ですね。

駒沢さゆり　そうですね。『宏洋問題の深層』（前掲）にも書かせていただいたんですけれども、ニュースター・プロダクションで一緒に聖務をしていたときに印象に残っているのが、お食事会の席でのことです。

冬場だったので、入り口でみなさんがコートを脱いでハンガーに掛けていかれるんですけれども、手間取っていたので、私のほうで全部引き取って、順々になかに入っていただくということをしていました。それを見た宏洋さんが、ご自分もハンガーにコートを掛ける作業をやり始めたんですね。

でも、社長がハンガー掛けをして席に座らないとなると、みなさんも座れなくて、結局、混み合ってきたので、「私のほうでやります」と言ったんです。

そうしたら、あとで武田さんから、「宏洋さんが怒っていたよ」という連絡が入りました。「『駒沢さんにハンガーをぶん捕られた』と言って怒っていた」と言われて（笑）。でも、私も、そこまで乱暴に奪い取るような性格ではないので……。

宏洋さん本人のお考えでは、「お仕事」というのは、そうした雑用とか、シュレッダーとか、そういうところだったのかなと思います。

竹内由羽　彼の「判断」というのは、要は、「自分が、やりたいか、やりたくないか。好きか、嫌いか」というところが中心にあるんです。

あと、彼の仕事のやり方として、「ダサい」「一般に受けない」と感じるところに対してすごく反応するんですけど、それに対して、「どうしたらいいのか。どう対処をするのか。どういうふうにしたら伝わるようになるのか」という提案は、一切《いっさい》できないんです。

駄目なところだけは分かるんだけど、それをどうしたらいいのかは分からなくて、パニックになって、人を集める。夜何時でも構わず、「集まってください」みたいな感じでみんなを集めて、「どうにかしておいてください」と部下に振る。振ると安心して、自分はゆっくり眠れるという仕事のやり方をしていました。

今、私は映画関係で、咲也加さんと一緒に仕事をさせていただいているんですけど、仕事のやり方がまったく違っています。基本的に、直さなければいけないポイントを仏法真理《ぶっぽうしんり》や総裁先生の原作に基づいて指摘してくださって、さらに、それに対してどうすればいいかまできちんと提案をしてくれる。コンセプトをきちんとお話ししてくれる。これはもう完全に、宏洋氏とは仕事のやり方が違うなと認識しています。

大川裕太　宏洋さんは、「この人、嫌い」という人ができると、「あなたは仕事できないですね」という感じで最初から結論を決めつけて、いかにできないかを見せつけるようなことをするんです。「はい、これもできない」「これもできないですね」「もういいです。あなた要《い》らないですから。私がやりますから」みたいな感じで、露骨《ろこつ》にそういうことをやるんですよね。

竹内久顕　そうですね。私がニュースター・プロダクションに異動してきたときも、最初、実務処理をしていたときは、「竹内さんが来たおかげで」とほめてくれていたのですが、宏洋氏がキャバクラにお勤めの女性をスカウトしたあたりで変わってきました。

宏洋氏は彼女を映画「君のまなざし」のヒロインにしようとしていたので、「ニュースター・プロダクションは宗教団体のグループなのだから、それは、さすがにどうなんだろうか」と諫言《かんげん》したわけです。その方はモデル業には興味を示していたのですが、そもそも女優志望ではなく、演技経験がなかったことも理由としてありました。

ところが宏洋氏は、私が反対した瞬間に、「竹内さんは、もう官僚になり果てた」と言い出したんです。僕が意見を曲げずに抗弁していたら、翌日、総裁先生のところへ行き、「竹内さんが〝藤原道長《ふじわらのみちなが》〟になって、ニュースターの社長を盗《と》ろうとしてる」と告げ口をされました。総裁先生もさすがに、「竹内はそんなに強くないだろう」といったお話をされたそうですが（笑）。

その女性は、結局ご自身で出演を辞退されたのですが、その間、私がその女性を何とか受け入れたとき、宏洋氏も、「竹内さんは話が分かってきた。官僚じゃなくなった」と私を受け入れて、また仕事をしていくことにしたようです。

でも、次にまた宏洋氏のお気に入りの女性が出てきて、同じような状況になって諫言した瞬間、「官僚」と言い出す。二〇一六年は、何回言われたか分からないぐらい「官僚」と言われましたね。

とにかく、彼がやりたいことに反対したり、意見を言ったりすると、〝官僚〟にされてしまっていました。

結婚のときに両家の顔合わせが叶《かな》わなかった背景事情

喜島克明　宏洋氏は、理事長職を解任され、本人は「就職した」と言っていたこともありましたけれども、「出向」というかたちで、外部の大手建設会社に行きました。

その後、一回結婚をしていますが、その結婚が決まったときの、両家の顔合わせの段取りについても書いてあります。一四九ページです。

「同じ頃、授かり婚をしました。相手は大学の後輩で、教団の外の女性です。ご両親に納得してもらいたいと思ったので、(中略)正社員にしてもらいました」「結婚が決まって、両家で顔合わせをする段取りになり(中略)ホテルと夕食のレストランを予約しました。ところが当日の午後2時頃になって、宗務《しゅうむ》本部の秘書さんから連絡がありました。『総裁先生は体調が悪くなったので、今日は行けません』」「ドタキャンするくらいなら、初めから会うと言わないで欲しかった」ということを言っています。

このあたりのいきさつはお分かりでしょうか。

武田亮　はい。では、私から説明いたします。当時、出向中だった宏洋氏が、正社員になりたいので取り計らうよう、突然、静養中の総裁先生のところに来て、帰り際「子供ができたので結婚します」と言って帰っていったことがありました。その後、宏洋氏は親に何の話もなく入籍し、両家の顔合わせをすると言ってきました。

これは、今まで明らかにされていないことではあるのですが、顔合わせの前々日の午前三時ごろ、総裁先生の胸のあたりが、いつになく痛くなるという状況がありました。映画「世界から希望が消えたなら。」（製作総指揮・大川隆法、二〇一九年公開）にもありましたように、心臓の病気もされていましたし、宏洋氏の件で心労が重なりピークに来ていたこともあって、秘書のほうで、「病院に行ってください」とお話しして、夜中の三時に病院に行き、いったん入院されました。

医師からは「精密検査が必要なのでしばらく入院するように」と言われましたが、先生は「入院の必要はない」とのお考えでしたので、病院に交渉して、家で無理をせず、安静にすることを条件に、当日中に退院してきたという経緯があります。

病院側としては、基本的にドクターストップで、「仕事は控えてください」という指示でした。それでも先生は約束されていましたから、最後まで父親としての責任を果たされようとしておられるように見えました。

けれども、秘書のほうから、「ドクターストップなので、今回はやめてください」、「先方のお父様は医師なので、ドクターストップと伝えれば分かってくださると思います。われわれのほうで代わりに伺って、お詫《わ》びして説明しますから」ということで、了承いただいたのです。
宏洋氏にも総裁先生の状況を説明して、参加できない旨を伝えましたが、先生のことは一切心配せずに、不満だけを述べていました。「代わりに秘書のほうで行かせてほしい」と伝えましたが、「あなたたちは関係ないから来るな」の一点張りで、拒否されましたので、先方のご両親に、「以前、総裁は心臓の病気を患《わずら》ったことがあり、今回、胸の痛みが出たため病院に行ったところ、ドクターストップがかかってしまった」ということを伝えてほしいと、宏洋氏に言付けていたのです。

大川咲也加　結局、無断で結婚したのに近いんですよね。こちらは婚姻届に署名してくれと言われることもなく勝手に出されてしまったので、事後承認というかたちで、こちらとしては本当に寝耳に水でありまして。先生も精神的なショックを受けられたんだと思うんです。精神的ショックがないと、心臓まで行くことはないと思うので。
でも、午前三時に病院に急行しているのに、会いに行かせるわけにはいかないというのは、みんな思いますよね。実際、「体調が悪くなったので」というどころではない状況だったわけです。本当に、自分の父親をどう思っているんだという感じがします。

私からも、その後、「先生は入院までしたんだよ」と伝えたら、「え、そうだったの？　それは悪かった」というようなことを言っていたので、ここも記憶がすり替わっているのかもしれません。

武田亮　さらに言えば、相手の方は、すでに妊娠をされていたのですが、まだ学生だったため、われわれのほうでサポートをさせていただきたいということで、例えば、宗務本部のドクターに病院を紹介してもらい、奥様のお母様にもお話をして、その病院に入っていただきました。その後も、竹内由羽さんやドクターが病院に出向いて、出産まで、病院関係のことや身の回りのことをフォローさせていただいたという事実もあります。

その間、奥様やお母様を通じて、お父様にもご挨拶《あいさつ》したい旨《むね》を伝えておりましたが、宏洋氏が先方を逆説得している状況で、宏洋氏が反対しているため無理ですという返事が続き、実現しませんでした。

出産後には、大川家の家族と親族からのお祝いと共に、宗務本部からのお祝いも奥様とお母様にお渡しさせていただいたところ、お母様から、お礼のお手紙を頂戴しました。そのなかには、総裁先生の体調をご心配いただいている内容も書かれています。

喜島克明　手厚いフォローをしていたということですね。

竹内由羽　あと、同じ一四九ページに**「結婚式もやりませんでした」**と書いてありますが、これも、本人から「結婚式をしたい」という話を聞いたことはありませんでしたし、「できちゃった婚」で相手も学生でしたので、そもそも結婚式ができる状態ではありませんでした。

あのときは確か、「今は結婚式もできないし、新婚旅行も行けない」というのは、自分で決めて言っていました。なので、先生や周りの責任でやれなかったわけではなく、二人で話し合ってやらないという選択をしていたように、私には見えました。

武田亮　今、彼が主張していることは、要するに、「深刻な急病であっても出てこい」「出てくるのが筋《すじ》だろ」ということです。「そんな病気よりも俺の結婚のほうが大事だろ」と。あるいは、「俺の顔を潰すな」ということを言いたいのでしょう。

しかし、一般常識的に考えると、それは無理な話です。ドクターストップだったわけですから。そういう事情を何も書かずに、ただ「体調が悪くなったので」と、あたかも仮病《けびょう》でも使ったかのように書いていますが、非常に悪質な表現です。

大川咲也加　ちなみに、総裁先生は、「いや、大したことないから」と言ってお医者さんと交渉され、結局、退院を勝ち取るという感じで、一日たたずに退院されました。自宅療養というかたちで退院を許されましたので、ご本人としては、病《やまい》に伏せるような気持ちはさらさらなかったと思います。ただ、周りが止めたということです。

武田亮　総裁先生の入院に関して、もう一言、付け加えたいのですが、映画「世界から希望が消えたなら。」にも描かれていましたが、宏洋氏が高校生のときに総裁先生が入院され、明日をも知れない状況のなか、彼だけは、バスケットボール部の合宿があるから、「じゃあ、みんなお疲れー」と言って帰ってしまったわけです。先ほども、バイトの断り文句は「親が危篤だから」であるという話がありましたが、彼はいつも、そういう調子なのです。

たとえ、先生の命にかかわることがあったとしても、適当で、「自分の欲望の実現」を最優先するという、ある意味、彼の冷酷《れいこく》さがよく分かります。

また、後日談として、彼が建設会社から再度出家するころ、総裁先生が顔合わせに行けなかったのはドクターストップだったから、という話を再び耳にした宏洋氏は、「そんなことがあったんですね。知りませんでした。それは（無理なのは）分かります」と言っていました。

つまり、行けない理由を伝えたときに説明したことを完全に忘れていたのです。そして、そのとき「（無理なのは）分かります」と語っていた記憶が、現在はまた、なくなったのか、平気で非難しているわけです（あるいは意図的に嘘をついている）。

宏洋氏とは、まともな信頼関係が成り立たない危険人物なのです。

総裁から宏洋氏に結婚を押しつけたことはなかった

喜島克明　なお、一五〇ページには、総裁先生は宏洋氏が信者ではない女性と結婚することに反対であったとして、「『職員のこの女性はどうだ？』と、20代中盤から後半ぐらいの秘書の方を10人ほど、候補に挙げてきましたが、全員断わりました」というようなことが書いてあります。

「家でウサギを30匹くらい飼っていて、血が濃くならないように、このオスとこのメスを掛け合わせて繁殖させるということを趣味でやっています。子どもの結婚についても、そんな感覚なのです」と、本当に失礼なことを言っていますが、このあたりについてはいかがでしょうか。

武田亮　これは、先生が半分冗談で、「こういう人はどうだ」と話を振ってみたときのことを、候補を挙げられ、決めるように言われたかのように受け取っているだけです。

実際、真剣に「この人と結婚しなさい」というような話は一切ありませんでした。

大川咲也加　宏洋さんもいい年だし、父親として、そろそろいい相手と結婚してほしいと思うところはあると思うので、「こういうタイプの人はどうか」ということを言うのは普通の感覚だと思いますし、十人の候補を押しつけたということはありません。

竹内久顕　そういうレベルですよね。

武田亮　軽く話を振ってみるというのは、別に普通のことというか、よくある家庭のなかでの会話だと思います。先ほど、咲也加さんのお話でもありましたが、彼は常に女性を探しているんですよね。理事長として街宣《がいせん》活動を見に行っても、女性のことを考えている。そんな彼なので、軽く話を振られたぐらいでも、興奮してしまってこういう理解になってしまうのだと思います。

結婚について無責任なのは、宏洋氏のほうでしょう。

7　再出家《しゅっけ》の真相

懇願《こんがん》されて戻ったのではなく、「自分の都合《つごう》」で戻った

喜島克明　そのように、いろいろなことがあったわけですが、宏洋氏は大手建設会社から、幸福の科学に戻ってくることになります。

そのいきさつについて、一五〇ページに「**また映画の仕事をやらないかと打診されて、教団へ戻ることになりました**」と、まるで教団の側、あるいは総裁先生の側から懇願《こんがん》されて戻ったかのように書いていますが、このあたりはいかがでしょうか。

大川直樹　宏洋氏は、まるで総裁先生から懇願されて、幸福の科学の映画事業に戻ってきたかのような主張をしていますが、事実は違います。

このときは、例のごとく、総裁先生の食事の時間に彼が来ました。「このまま建設会社にいても、地方に飛ばされる」などといった愚痴《ぐち》を、ずっと先生の前で話していました。

私が覚えているのは、総裁先生から「戻ってきてほしい」という明確な依頼はなく、宏洋氏が建設会社を辞めたいとごねているのを見かねて、「そこまで言うなら、幸福の科学でも（彼が携《たずさ》われそうな）映画事業もやっているし、戻ってくるという手もないわけではないが……」といった趣旨《しゅし》の言葉尻《じり》を捉えて、彼が「実は僕も、幸福の科学に戻ってもいいと思っていたんです」と、言質《げんち》を取ったかのように言ったのです。

そのときの彼のニヤッとした顔は、はっきりと覚えています。

いずれにせよ、「総裁先生が宏洋氏に戻ってくるように懇願した」事実はありません。

「映画事業に戻りたい」と自分でアピールしていた

大川真輝　宏洋さんが戻ってきたのは、最終的には十二月ごろになると思うのですけれども、その数カ月前ぐらいから、それまでよりも頻繁《ひんぱん》に大悟館《たいごかん》に来るようになりました。そこで、「自分も建設会社に長くいるつもりはないんだ」「地方に転勤になるのはつらい」とほのめかしていました。

一回、ワンピース歌舞伎《かぶき》か何かを、宏洋さんが先生に「観《み》てほしい」と言って、先生も一緒に観に行かれて、そのとき、「こういうような仕事を将来的にやりたいと思っている」といったことを言い始めていました。

あとは、『バケモノの子』というアニメ映画があって、こういう内容で」といった話を先生にしたり、誰が見ても、「これは、そろそろ教団に戻りたいんだな」と分かる感じで、何回か来ていました。

それに対して、先生が手を差し伸べたというように、私には見えました。

大川紫央　私もワンピース歌舞伎を観にいきました。こうした、宏洋さんの「映画をつくりたい」アプローチを何回か受けていました。総裁先生は宏洋氏のつくりたい内容に賛同されていたわけではなかったと思うんですけど、彼が「建設会社を辞めたい」と思っていることは分かったので、当会で何か仕事ができるようにしてあげないといけないのではないか、と考えざるをえない状況になってきたことは否めません。

大川咲也加　先生がおっしゃっていたことですが、二〇一五年十月には私と直樹さんの結婚式がありまして、そのときに宏洋さんも出席してくださったんですよね。そのあたりで、裕太さんが「宏洋さんも、もう戻ってきなよ」というように声をかけて、それを真に受けた節《ふし》があるのかなとおっしゃっていました。

大川裕太　「このままだと、建設会社で地方に行かされる」という話もしていませんでしたか。

竹内久顕　四月から、地方の支店に行くことになっていました。

大川裕太　そうですよね。それも嫌だったというのが重なっていたはずです。

喜島克明　そのように、自分から「戻ってきたい」という気持ちがあったにもかかわらず、「無理やり戻らされた」というような印象で話をつくっていると。そういう嘘《うそ》があるということが分かりました。

一五一ページには、「**映画というカードを切ってきたので、断われませんでした。隆法は、時期をずっと窺《うかが》っていたのでしょう**」ともあります。

大川咲也加　時期を窺っていたのはそっちでしょう、と（笑）。

一同　（笑）

喜島克明　自分のしたことを、総裁先生に振り替えるような一言であるということですね。

「宏洋じゃないと、いい作品は作れない」と言われた事実はない

喜島克明　また、一五二ページですけれども、映画事業に再びかかわることにつきまして、総裁先生のほうから、**『幹部にやらせてみたけど、伸びる気配がない。タレント事業も映画製作も、畳《たた》もうと思っている』**と聞かされていました」とあります。

大川咲也加　絶対にないです。**「畳もうと思っている」**なんて、絶対に先生は言われません。

大川裕太　これを言ったのは宏洋さんです。当会の映画について、**「評判はさんざんでした」**と言っていたのは宏洋さんだし、試写会のときにも、「私じゃないと、いい作品はつくれません」ということを、宏洋さんはずっと言っていました。

でも、その作品自体の評判は、みなさんに好感を持たれていたんじゃないかなと思

っております。

松田三喜男　芸能プロダクションとして、ニュースター・プロダクション自体は二〇一一年ぐらいから本格的に立ち上がりました。スタートのころは、歌手やタレント五名で進めておりまして、仕事のほうも、地上波で放送される戦隊ものの有名なシリーズに、メインキャストの一人として採用されたり、舞台の仕事も順調に決まっておりました。

ですので、決してタレント事業を畳もうと思うような状況ではなかったということが、一つ言えます。

喜島克明　では、一五二ページになりますが、五、六行目です。

「『宏洋じゃないと、いい作品は作れない。だから戻って来て、やってみないか？』と隆法に誘われ、それも二枚舌なのですが、うまく乗せられてしまったわけです」と、ひどい言い方をしています。

大川咲也加　これも、まったくないです。先生は、**「宏洋じゃないと、いい作品は作れない」**とはおっしゃいませんし、**「戻って来て、やってみないか?」**ともおっしゃっていません。

また、そのあとに、**「物申したりしていたら、『神に盾突くとはなにごとか!』と罵られました。やがて、『宏洋は悪魔にとりつかれている』と、再び言われるようになりました」**とありますが、そういうことは先生は言われないので、「いったい、何を言っているのかな」と。

大川裕太　これを言うのは、宏洋氏の生霊とか守護霊です。宏洋氏のことを批判すると、霊言で「神に盾突くとは何事か」って言うんですよね。だから、まったく逆です。

喜島克明　ありがとうございました。

8　宏洋氏との「訣別《けつべつ》」

宏洋問題について、初めて口を開いた千眼美子氏

酒井太守　それでは、お時間となりましたが、彼の本には、まだ「虚偽《きょぎ》の部分」がそうとうの数あります。教団運営上のものもありますし、総裁先生に関してやご家族に関しても、まだ残っておりますので、継続して論点を潰していき、嘘《うそ》を明らかにしていきたいと思います（『宏洋問題「甘え」と「捏造《ねつぞう》」――徹底反論座談会3――』〔幸福の科学総合本部編、幸福の科学出版刊〕に収録）。

大川隆法　千眼さんのところだけがちょっと心配なんです。名誉を回復されているかどうか。彼女にも立場があるから、言い返せないでいるだろうと思うんです。

酒井太守　そうですね。

千眼美子　逆に、反論すると波及《はきゅう》効果が出てしまうので、もう一年も二年も、ずっとノータッチでした。

大川隆法　ああ、そうだね。言えないよね。大変だったね。

男というものは「責任感の塊《かたまり》」でなくてはいけない

大川隆法　ただ、宏洋には、人間としてというか、男として許せない部分があります。卑怯《ひきょう》だと思います。私は、こういうのは絶対に許せない。男というのは、やはり、「責任感の塊《かたまり》」でなくてはいけないと思います。

言われてもいないことを捏造し、「自分は強制されたんだけれども、それを断ったために辞めさせられた」と言い、ほかの話を全部消しにかかっている。そして、現にいる人に嫉妬心《しっとしん》をぶつけ、現に教団を背負っている人のほうを崩《くず》しにかかるようなやり方は、男としては許せない。どこで何を勉強してきたのかは知らないけれども、はっきり言って、許せないですね。

〝軟派《なんぱ》系〟と知っていても、それでも許せない部分はあります。やはり、「男として守らなくてはいけない一線」はあると思うのです。

また、「男女同権」とはいっても、女性のほうが傷つきやすいのは当然のことなので、一定の配慮《はいりょ》はすべきだと思っています。

そういう意味で、父親として至らなかったところはお詫《わ》びします。申し訳ございませんでした。

千眼さんを「いい子だ」と思っていたのは本当のことなので、私はそれを隠しもしなかったのですけれども、あの体《てい》たらくの男を彼女に薦めるほどバカではありません。

もし、いろいろなことを経験して、だんだんまともになってくれば、「誰かいい人を探さなくてはいけない」ということはあるかと思うのですが、あの状態では、とてもではないけれども、薦められるような状態ではなかったのです。

その程度の判断は当然できますし、男として、「ほかの女性の存在をちらつかせながら、社長という立場でいびってくる」というのは、まあ、許せないですね。こういうのはちょっと許せないな。好きではないですね。

「訣別《けつべつ》」したいのは、こちらのほうかもしれません。

彼のほうは訣別できないんですよ。食べていけないからです。実際、訣別できないのです。

だから、幸福の科学の悪口を言って食っていく。悪口を言っては、何かマーケットをつくろうとしたり、アンチを集めて自分のシンパにしようとしたりして、一生懸命、食べていく算段をしているんだろうと思うけれども、「『人間として、まっとうである』ということは難しいことだな」と、つくづく思います。

酒井太守　それでは、終了とさせていただきます。

本日は、まことにありがとうございました。

一同　ありがとうございました（会場拍手）。

宏洋問題《ひろしもんだい》「転落《てんらく》」の真相《しんそう》 ―― 徹底反論座談会 2 ――

2020年 4 月 1 日　初版第 1 刷

編　者　　幸福の科学総合本部

発行所　　幸福の科学出版株式会社

〒107-0052 東京都港区赤坂 2 丁目 10 番 8 号
TEL(03)5573-7700
https://www.irhpress.co.jp/

印刷・製本　株式会社 研文社

落丁・乱丁本はおとりかえいたします

ISBN978-4-8233-0165-0 C0014

宏洋問題の真相を明らかにする

宏洋問題の「嘘」と真実

徹底反論座談会1

幸福の科学総合本部 編

悪質な「虚偽」「妄想」「捏造」に満ちた宏洋氏の著書の内容を、総裁本人と家族、歴代秘書たちが詳細に検証。宏洋問題への徹底反論座談会・第1弾！

1,400円

宏洋問題の深層

「真実」と「虚偽」をあきらかにする 31人の証言

幸福の科学総合本部 編

宏洋氏は、なぜ信仰を冒瀆し、虚偽による誹謗中傷を繰り返すのか。逆恨み、女性問題、セクハラ・パワハラなど、関係者が語る衝撃の「素顔」と「言動」。

1,400円

宏洋問題を斬る

「内情」を知り尽くした2人の証言

幸福の科学総合本部 編

彼の嘘がこれ以上多くの人を傷つけないように──。公私にわたり宏洋氏を間近に見てきた関係者による証言と反論。実弟の真輝氏・裕太氏の寄稿文も収録。

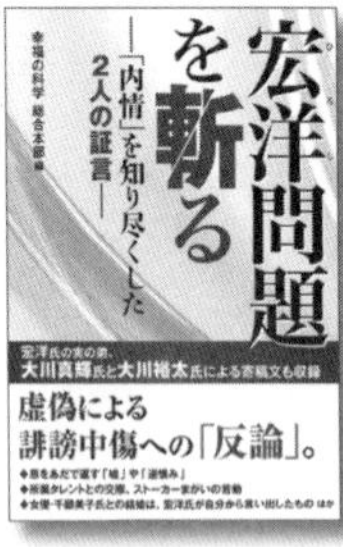

1,400円

直撃インタビュー
大川隆法総裁、宏洋問題に答える

幸福の科学総合本部 編

「月刊 WiLL」「週刊文春」「YouTube」──。宏洋氏の虚偽の発信に対して、大川総裁ほか関係者が真相を語った、衝撃の質疑応答 174 分。

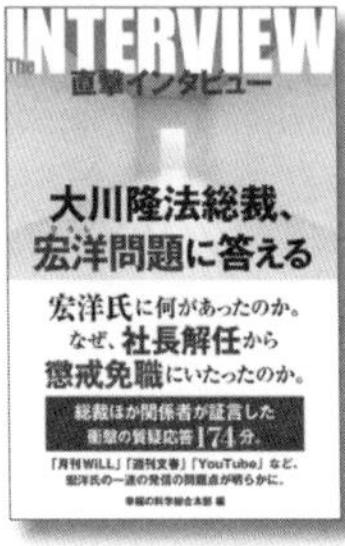

1,500円

※表示価格は本体価格（税別）です。

宗教者のあるべき姿

1,400円

娘から見た大川隆法

大川咲也加 著

娘が語る
大川隆法の自助努力の姿

◆読書をしている父の姿
◆一日の生活スタイル
◆教育方針
◆大川家の家訓
◆世界のために命を懸ける
「不惜身命」の姿
◆大病からの復活
◆「霊言」の真実

幼いころの思い出、家族思いの父としての顔など、実の娘が28年間のエピソードと共に綴る、大川総裁の素顔。

自助努力の精神を受け継ぐ幸福の科学の後継者

幸福の科学の後継者像について

大川隆法・大川咲也加 共著

霊能力と仕事能力、人材の見極め方、公私の考え方、家族と信仰──。全世界に広がる教団の後継者に求められる「人格」と「能力」について語り合う。

1,500円

幸福の科学出版

大川隆法ベストセラーズ・不信仰の誤りを糺す

「文春」の報道倫理を問う

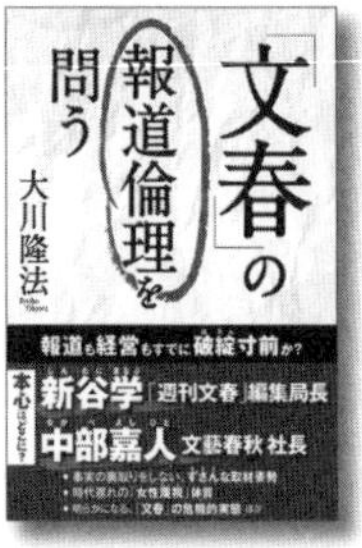

ずさんな取材体制、倫理観なき編集方針、女性蔑視体質など、文藝春秋の悪質な実態に迫った守護霊インタビュー。その正義なきジャーナリズムを斬る！

1,400 円

人はなぜ堕ちてゆくのか。

宏洋問題の真相を語る

嫉妬、嘘、自己愛の塊──。人生の反面教師とも言うべき宏洋氏の生き方や、その虚妄を正すとともに、彼の虚言を鵜呑みにする文藝春秋の見識を問う。

1,500 円

不信仰の家族にはどう対処すべきか

現代のダイバダッタ問題

いつの時代にも起きる信仰と身内の問題は、どう見るべきなのか。〝嘘〟の誹謗中傷、教団批判による炎上商法、その真相を明かした守護霊インタビュー。

1,400 円

実戦・悪魔の論理との戦い方

エクソシズム訓練

信仰を護り抜くために、悪魔にどう立ち向かえばよいのか。嫉妬、不信感、嘘、欲望──、悪魔との直接対決から見えてきた、その手口と対処法とは。

1,400 円

※表示価格は本体価格（税別）です。

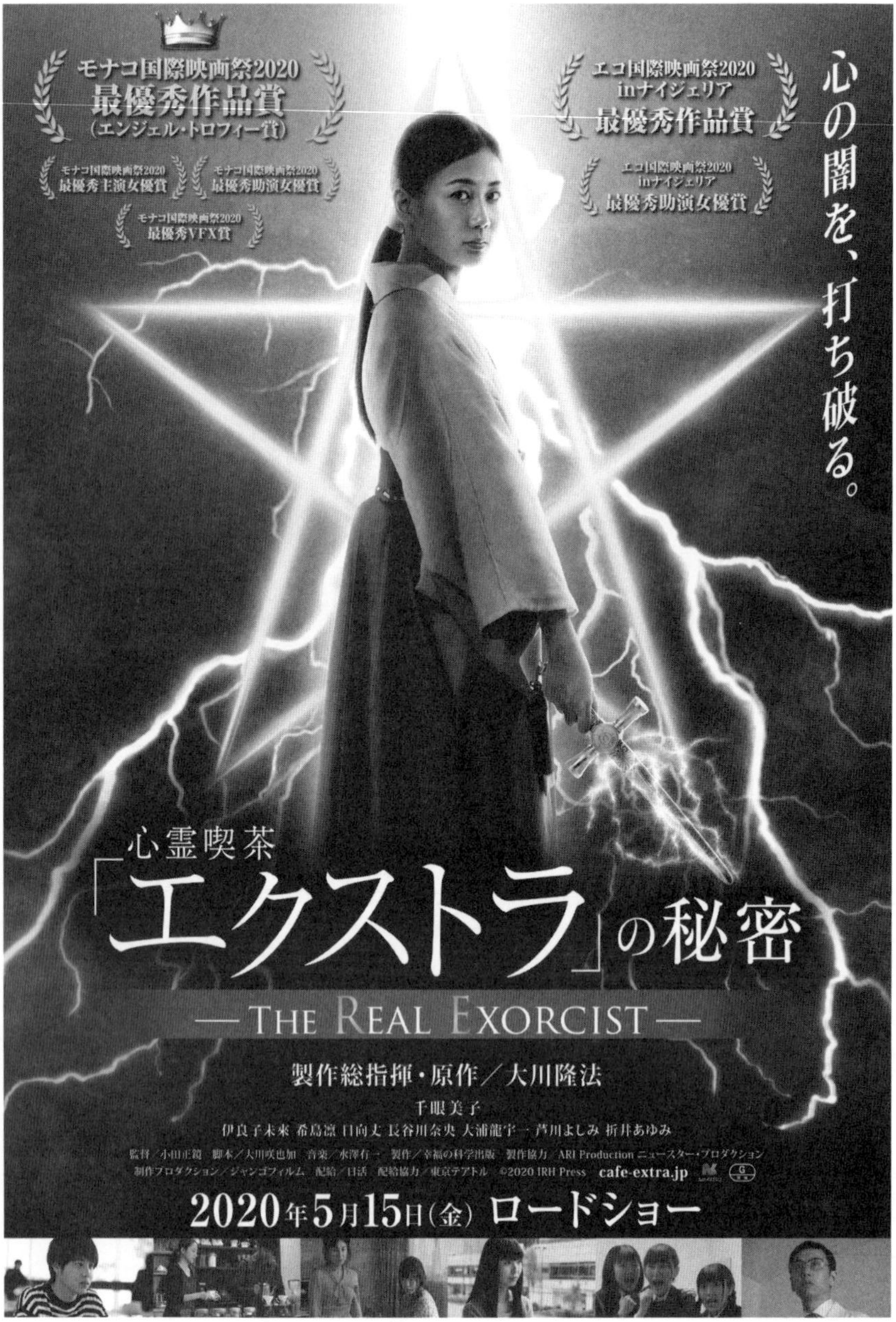

モナコ国際映画祭2020
最優秀作品賞
(エンジェル・トロフィー賞)
モナコ国際映画祭2020
最優秀主演女優賞
モナコ国際映画祭2020
最優秀助演女優賞
モナコ国際映画祭2020
最優秀VFX賞
エコ国際映画祭2020
inナイジェリア
最優秀作品賞
エコ国際映画祭2020
inナイジェリア
最優秀助演女優賞
心の闇を、打ち破る。
心霊喫茶
「エクストラ」の秘密
—THE REAL EXORCIST—
製作総指揮・原作／大川隆法
千眼美子
伊良子未來 希島凛 日向丈 長谷川奈央 大浦龍宇一 芦川よしみ 折井あゆみ
監督／小田正鏡 脚本／大川咲也加 音楽／水澤有一 製作／幸福の科学出版 製作協力／ARI Production ニュースター・プロダクション
制作プロダクション／ジャンゴフィルム 配給／日活 配給協力／東京テアトル ©2020 IRH Press cafe-extra.jp
2020年5月15日(金) ロードショー

1991年7月15日、東京ドーム。
人類史を変える「歴史的瞬間」が誕生した。
――これは、映画を超えた真実。
夜明けを信じて。
2020年秋 ROADSHOW
製作総指揮・原作 大川隆法
田中宏明 千眼美子 長谷川奈央 芦川よしみ 石橋保
監督／赤羽博 音楽／水澤有一 脚本／大川咲也加 製作／幸福の科学出版 製作協力／ARI Production ニュースター・プロダクション
制作プロダクション／ジャンゴフィルム 配給／日活 配給協力／東京テアトル ©2020 IRH Press

幸福の科学グループのご案内

宗教、教育、政治、出版などの活動を通じて、地球的ユートピアの実現を目指しています。

幸福の科学

一九八六年に立宗。信仰の対象は、地球系霊団の最高大霊、主エル・カンターレ。世界百カ国以上の国々に信者を持ち、全人類救済という尊い使命のもと、信者は、「愛」と「悟り」と「ユートピア建設」の教えの実践、伝道に励んでいます。

（二〇二〇年四月現在）

愛

幸福の科学の「愛」とは、与える愛です。これは、仏教の慈悲《じひ》や布施《ふせ》の精神と同じことです。信者は、仏法真理をお伝えすることを通して、多くの方に幸福な人生を送っていただくための活動に励んでいます。

悟り

「悟り」とは、自らが仏の子であることを知るということです。教学《きょうがく》や精神統一によって心を磨き、智慧《ちえ》を得て悩みを解決すると共に、天使・菩薩《ぼさつ》の境地を目指し、より多くの人を救える力を身につけていきます。

ユートピア建設

私たち人間は、地上に理想世界を建設するという尊い使命を持って生まれてきています。社会の悪を押しとどめ、善を推し進めるために、信者はさまざまな活動に積極的に参加しています。

海外支援・災害支援

国内外の世界で貧困や災害、心の病で苦しんでいる人々に対しては、現地メンバーや支援団体と連携して、物心両面にわたり、あらゆる手段で手を差し伸べています。

自殺を減らそうキャンペーン

年間約２万人の自殺者を減らすため、全国各地で街頭キャンペーンを展開しています。

公式サイト **www.withyou-hs.net**

ヘレンの会

ヘレン・ケラーを理想として活動する、ハンディキャップを持つ方とボランティアの会です。視聴覚障害者、肢体不自由な方々に仏法真理を学んでいただくための、さまざまなサポートをしています。

公式サイト **www.helen-hs.net**

入会のご案内

幸福の科学では、大川隆法総裁が説く仏法真理《ぶっぽうしんり》をもとに、「どうすれば幸福になれるのか、また、他の人を幸福にできるのか」を学び、実践しています。

入会

仏法真理を学んでみたい方へ

大川隆法総裁の教えを信じ、学ぼうとする方なら、どなたでも入会できます。入会された方には、『入会版「正心法語《しょうしんほうご》」』が授与されます。

ネット入会　入会ご希望の方はネットからも入会できます。
happy-science.jp/joinus

三帰《さんき》誓願《せいがん》

信仰をさらに深めたい方へ

仏弟子としてさらに信仰を深めたい方は、仏《ぶっ》・法《ぽう》・僧《そう》の三宝《さんぽう》への帰依を誓う「三帰誓願式」を受けることができます。三帰誓願者には、『仏説・正心法語』『祈願文《きがんもん》①』『祈願文②』『エル・カンターレへの祈り』が授与されます。

幸福の科学 サービスセンター
TEL 03-5793-1727
（受付時間／火～金：10～20時　土・日祝：10～18時（月曜を除く））

幸福の科学 公式サイト
happy-science.jp

ハッピー・サイエンス・ユニバーシティ

Happy Science University

ハッピー・サイエンス・ユニバーシティとは

ハッピー・サイエンス・ユニバーシティ（HSU）は、大川隆法総裁が設立された「現代の松下村塾」であり、「日本発の本格私学」です。
建学の精神として「幸福の探究と新文明の創造」を掲げ、
チャレンジ精神にあふれ、新時代を切り拓く人材の輩出を目指します。

人間幸福学部　経営成功学部　未来産業学部

HSU長生キャンパス TEL **0475-32-7770**

〒299-4325　千葉県長生郡長生村一松丙 4427-1

未来創造学部

HSU未来創造・東京キャンパス

TEL **03-3699-7707**

〒136-0076　東京都江東区南砂2-6-5　公式サイト **happy-science.university**

学校法人 幸福の科学学園

学校法人 幸福の科学学園は、幸福の科学の教育理念のもとにつくられた教育機関です。人間にとって最も大切な宗教教育の導入を通じて精神性を高めながら、ユートピア建設に貢献する人材輩出を目指しています。

幸福の科学学園

中学校・高等学校（那須本校）

2010年4月開校・栃木県那須郡（男女共学・全寮制）

TEL **0287-75-7777** 公式サイト **happy-science.ac.jp**

関西中学校・高等学校（関西校）

2013年4月開校・滋賀県大津市（男女共学・寮及び通学）

TEL **077-573-7774** 公式サイト **kansai.happy-science.ac.jp**

仏法真理塾「サクセスNo.1」

全国に本校・拠点・支部校を展開する、幸福の科学による信仰教育の機関です。小学生・中学生・高校生を対象に、信仰教育・徳育にウエイトを置きつつ、将来、社会人として活躍するための学力養成にも力を注いでいます。

TEL **03-5750-0751（東京本校）**

エンゼルプランV　TEL **03-5750-0757**

幼少時からの心の教育を大切にして、信仰をベースにした幼児教育を行っています。

不登校児支援スクール「ネバー・マインド」　TEL **03-5750-1741**

心の面からのアプローチを重視して、不登校の子供たちを支援しています。

ユー・アー・エンゼル！（あなたは天使！）運動

一般社団法人 ユー・アー・エンゼル　TEL **03-6426-7797**

障害児の不安や悩みに取り組み、ご両親を励まし、勇気づける、
障害児支援のボランティア運動を展開しています。

NPO活動支援

いじめから子供を守ろうネットワーク

学校からのいじめ追放を目指し、さまざまな社会提言をしています。また、各地でのシンポジウムや学校への啓発ポスター掲示等に取り組む一般財団法人「いじめから子供を守ろうネットワーク」を支援しています。

公式サイト **mamoro.org**　ブログ **blog.mamoro.org**

相談窓口 **TEL.03-5544-8989**

百歳まで生きる会

「百歳まで生きる会」は、生涯現役人生を掲げ、友達づくり、生きがいづくりをめざしている幸福の科学のシニア信者の集まりです。

シニア・プラン21

生涯反省で人生を再生・新生し、希望に満ちた生涯現役人生を生きる仏法真理道場です。定期的に開催される研修には、年齢を問わず、多くの方が参加しています。全世界212カ所（国内197カ所、海外15カ所）で開校中。

【東京校】 TEL **03-6384-0778** FAX **03-6384-0779**
メール **senior-plan@kofuku-no-kagaku.or.jp**

幸福実現党

内憂外患《ないゆうがいかん》の国難に立ち向かうべく、2009年5月に幸福実現党を立党しました。創立者である大川隆法党総裁の精神的指導のもと、宗教だけでは解決できない問題に取り組み、幸福を具体化するための力になっています。

幸福実現党 釈量子サイト　**shaku-ryoko.net**

Twitter　**釈量子@shakuryokoで検索**

党の機関紙
「幸福実現NEWS」

幸福実現党　党員募集中

あなたも幸福を実現する政治に参画しませんか。

○幸福実現党の理念と綱領、政策に賛同する18歳以上の方なら、どなたでも参加いただけます。

○党費：正党員（年額5千円［学生 年額2千円］）、特別党員（年額10万円以上）、家族党員（年額2千円）

○党員資格は党費を入金された日から1年間です。

○正党員、特別党員の皆様には機関紙「幸福実現NEWS（党員版）」（不定期発行）が送付されます。

＊申込書は、下記、幸福実現党公式サイトでダウンロードできます。
住所：〒107-0052　東京都港区赤坂2-10-8 6階 幸福実現党本部
TEL **03-6441-0754**　FAX **03-6441-0764**
公式サイト **hr-party.jp**

出版 メディア 芸能文化

幸福の科学グループ

幸福の科学出版

大川隆法総裁の仏法真理の書を中心に、ビジネス、自己啓発、小説など、さまざまなジャンルの書籍・雑誌を出版しています。他にも、映画事業、文学・学術発展のための振興事業、テレビ・ラジオ番組の提供など、幸福の科学文化を広げる事業を行っています。

アー・ユー・ハッピー？
are-you-happy.com

ザ・リバティ
the-liberty.com

幸福の科学出版
TEL **03-5573-7700**
公式サイト **irhpress.co.jp**

THE FACT

ザ・ファクト
マスコミが報道しない「事実」を世界に伝えるネット・オピニオン番組

ザ・ファクト　検索

NEW STAR PRODUCTION

ニュースター・プロダクション

「新時代の美」を創造する芸能プロダクションです。多くの方々に良き感化を与えられるような魅力あふれるタレントを世に送り出すべく、日々、活動しています。 公式サイト **newstarpro.co.jp**

ARI Production

ARI《アリ》 Production《プロダクション》

タレント一人ひとりの個性や魅力を引き出し、「新時代を創造するエンターテインメント」をコンセプトに、世の中に精神的価値のある作品を提供していく芸能プロダクションです。 公式サイト **aripro.co.jp**

大川隆法　講演会のご案内

大川隆法総裁の講演会が全国各地で開催されています。講演のなかでは、毎回、「世界教師」としての立場から、幸福な人生を生きるための心の教えをはじめ、世界各地で起きている宗教対立、紛争、国際政治や経済といった時事問題に対する指針など、日本と世界がさらなる繁栄の未来を実現するための道筋が示されています。

2019年12月17日 さいたまスーパーアリーナ「新しき繁栄の時代へ」

2019年10月6日 ザ ウェスティン ハーバーキャッスル トロント（カナダ）「The Reason We Are Here」

2019年7月5日 福岡国際センター「人生に自信を持て」

2019年3月3日 グランド ハイアット 台北（台湾）「愛は憎しみを超えて」

2019年7月13日 ホテル イースト21 東京「幸福への論点」

講演会には、どなたでもご参加いただけます。最新の講演会の開催情報はこちらへ。⟹ 大川隆法総裁公式サイト https://ryuho-okawa.org